KOMM MIT AUF GROSSE FAHRT!

Törns für Kids unter Segel und Motor

Delius Klasing Verlag

Inhalt

AUF GROSSE FAHRT GEHEN – WAS IST DAS?

Auf große Fahrt gehen oder Fahrtensegeln ist Reisen zur See – nur so, zum Spaß. Das heißt, man schläft an Bord, man isst an Bord und lebt auf dem Wasser.

Fahrtensegeln oder -motoren (manchmal auch englisch als »cruising« [Aussprache: krusing] bezeichnet) kann man an einem Wochenende, aber auch eine Woche oder gar sein ganzes Leben lang. Man kann eine Bucht erkunden, die Küste entlangfahren oder um die Welt segeln – aber egal, was man möchte: Zunächst braucht man ein Boot.

Wenn du auf große Fahrt gehen möchtest, brauchst du ein Boot, das groß genug ist, um darauf zu schlafen. Es kann ein Segelboot oder Motorboot sein, es kann der Familie gehören, Freunden, oder gemietet (gechartert [Aussprache: geschartert]) sein. Auf jeden Fall ist es gut, ein paar Begriffe zu beherrschen.

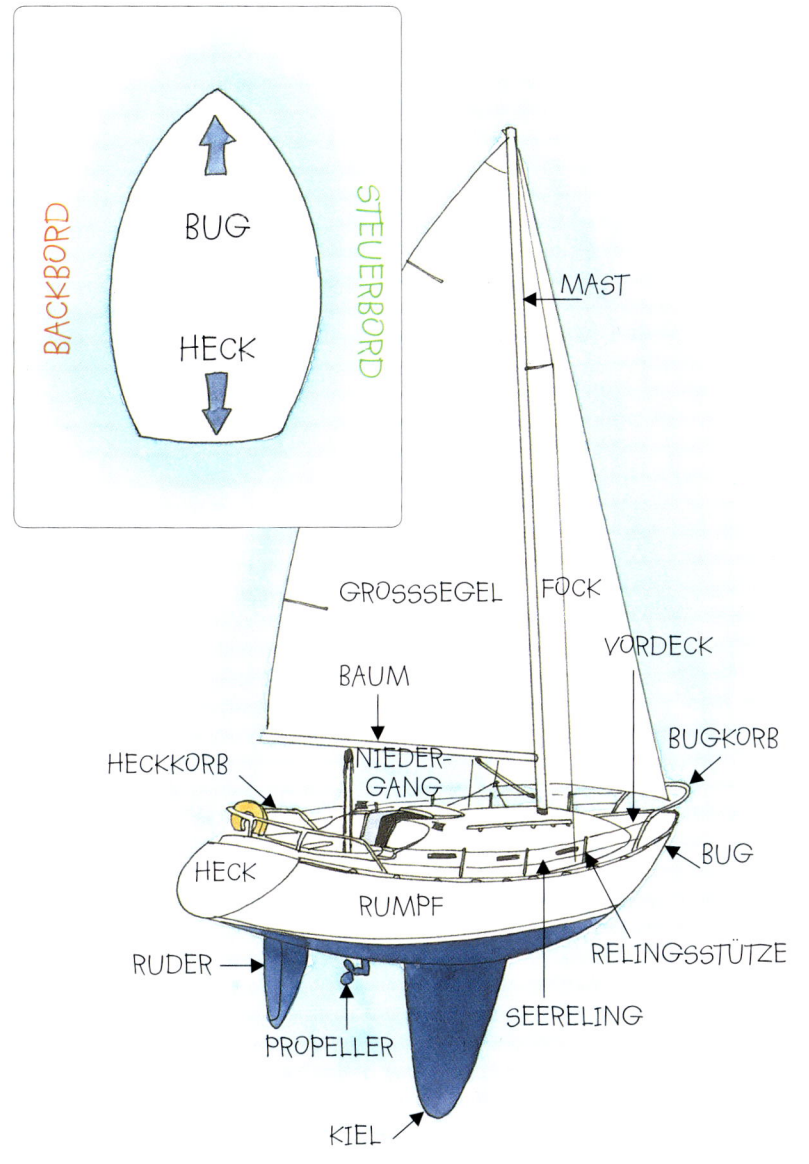

WER IST WER AN BORD?

Der SKIPPER ist der Boss – egal, ob es deine Mutter, dein Vater, ein Freund oder ein völlig Fremder ist. Der Skipper ist für das Boot verantwortlich.

... nicht bevor du »Bitte« gesagt hast!

Der STEUERMANN ist derjenige, der das Schiff gerade steuert. »Übernimm das Steuer / die Pinne / das Ruder« bedeutet, dass du zum Steuermann wirst (auch wenn du ein Mädchen bist).

CREW – das bist du! Pass gut auf und lerne, was immer es an Bord über Schiffe zu lernen gibt, damit du ein guter Seemann wirst.

Schlechte Crew   Gute Crew

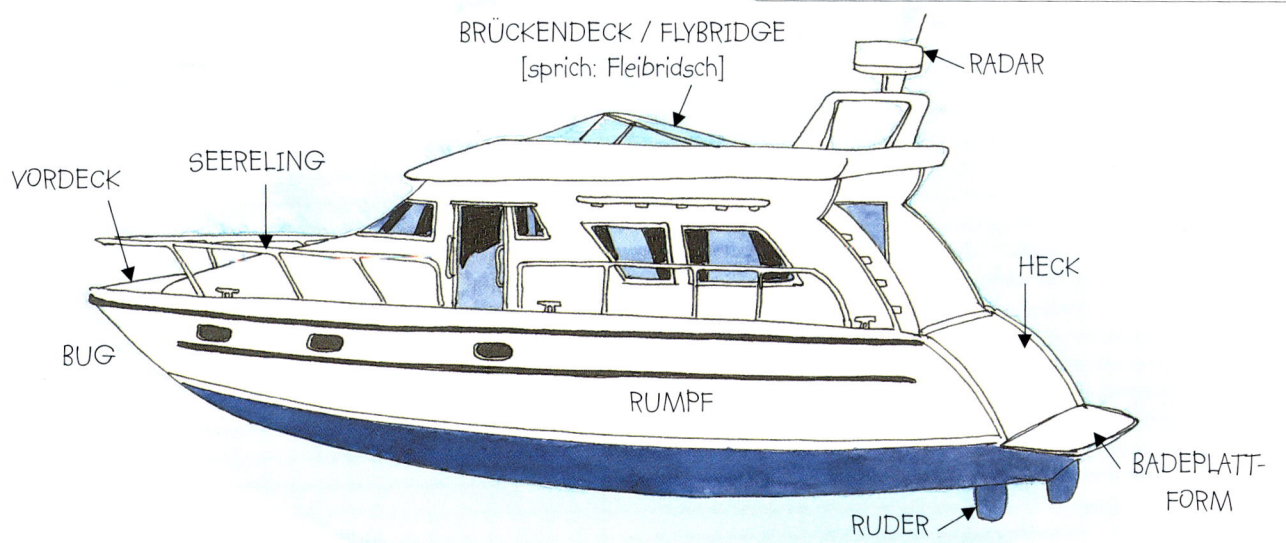

Große Boote, kleine Boote, Segelboote, Motorboote, Yachten – Fahrtenschiffe gibt es in allen Formen und Größen. Wir beginnen mal mit ein paar Segelbooten:

Unter 6 Metern findet man kaum gute Fahrtensegler.

Diese hochseetaugliche Ketsch (zu erkennen an den zwei Masten) segelt dich überallhin.

Ein moderner Familienkreuzer wie dieser reicht von 7 Metern Länge bis zu 20 Metern.

Ein Motorsegler vereint einen großen, kräftigen Motor und ein Segelrigg – und hat zudem meist einen Steuerstand, damit du immer im Trockenen steuerst.

Ein Fahrtenkatamaran hat zwei Rümpfe, die mit einer gemütlichen, großen Kabine verbunden sind.

Es gibt drei Arten von Motorbooten. Sie unterscheiden sich durch ihre Form und die Größe des Motors (manchmal sagt man auch »Maschine« stattdessen). Viele Motorcruiser besitzen sogar gleich zwei Dieselmotoren.

SEHR SCHNELL

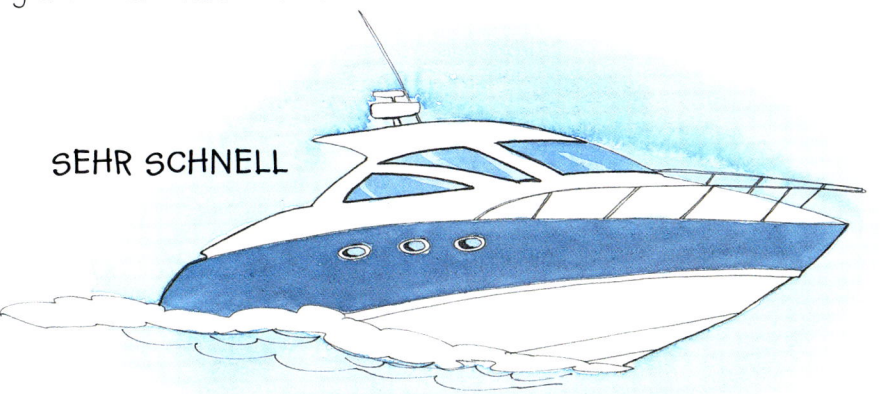

Ein Gleiter hat kräftige Motoren mit viel PS, dazu eine schnittige Form, die gut über das Wasser gleitet – sehr schnell, aber auch unangenehm in rauer See: Da knallt der Rumpf in die Wellen.

Ein Halbverdränger ist eine Mischung aus den beiden anderen Typen. Der Bug hebt sich nur bei hoher Geschwindigkeit aus dem Wasser, sodass das Boot gleitet.

SCHNELL

EHER LANGSAM

Ein Verdränger ist wie ein kleines Schiff – schwer und ruhig schiebt es sich durchs Wasser. Sehr sicher auf See, eignet es sich auch für ganz lange Reisen.

Wie weit kann ich mit einem Fahrtenschiff fahren? Ein hochseetauglicher Motorcruiser [Aussprache: Krusa] kann durchaus auch den Ozean überqueren – wenn er genug Diesel dabeihat und in nicht allzu schweres Wetter gerät.

Auch kleinere Segelboote können die Ozeane meistern, sofern sie auch bei schwerem Wetter sicher bedient werden. Im Grunde ist die einzige Einschränkung der Platz: Wie viel Wasser, Essen und Ausrüstung passen an Bord?

Lasst uns mal unter Deck schauen und sehen, was es dort für seltsame Begriffe gibt. Es beginnt schon damit, dass du nicht einfach eine Treppe hinuntersteigst, sondern den NIEDERGANG hinuntergehst, um in den SALON (und nicht das Wohnzimmer) zu gelangen.

Die kleine Kabine vorne heißt auch BUGKABINE und hat meistens zwei – nicht Betten, sondern KOJEN.

Wie buchstabiert man »MEUTEREI«?

Schränke haben Sicherheitsverschlüsse, damit die Türen bei rauer See nicht einfach aufspringen können. Schau dir erst an, wie sie funktionieren, bevor du sie vollräumst!

Der Salontisch hat eine umlaufende Leiste, die sogenannte SCHLINGERLEISTE, damit bei Seegang nichts herunterrutschen kann.

Der Kocher oder Herd wird oft KARDANISCH AUFGEHÄNGT. Durch seitlich freischwingende Bügel bleibt der Kocher auch bei Schräglage gerade, sodass nichts aus den Töpfen schwappt. Außerdem gibt es auch Bügel, die die Töpfe festhalten, oder eine Schlingerleiste rund um den gesamten Kocher.

Der KARTENTISCH und die Instrumente zur Navigation sind meist in der Nähe des Niedergangs platziert. An diesem Platz sollte nichts von dir oder anderen rumliegen, was nicht unmittelbar zum Arbeiten benötigt wird.

Die Küche wird KOMBÜSE genannt.

FAHRTENSEGLER

MOTORCRUISER

Ein Motorcruiser hat den Steuerstand oft im Hauptsalon.

Die Kombüse ist eher wie die, die du von zu Hause kennst – also ohne Kocher mit kardanischer Aufhängung, sondern mit eingebautem Herd.

Motorcruiser haben größere Kajüten als Segelboote und auch größere Fenster. Schlingerleisten um die Tische findest du aber auch hier, ebenso wie Schränke, die mit Schnappverschlüssen gesichert sind.

Alle Fahrtenschiffe haben eher wenig Platz – du wirst nicht viel mitnehmen können!

Was nimmst du mit, wenn du auf große Fahrt gehen willst? In kalten Gebieten benötigst du viel warmes Zeug: Ski- oder Wärmeunterwäsche und dicke Fleecepullis und -hosen, eine warme Mütze und wasserfestes Ölzeug. In warmen Gebieten brauchst du leichte Kleidung, die dich vor den Sonnenstrahlen schützt, und etwas, was dich in den kühleren Abendstunden wärmt.

Sei immer für alle Wetter-situationen gerüstet – wenn's warm ist, brauchst du unbedingt einen Sonnenhut oder ein Cap, einen schattigen Platz und jede Menge Sonnencreme – die Sonneneinstrahlung auf dem Wasser ist viel intensiver als an Land!

An den Füßen sind Decksschuhe und Gummistiefel am besten. (Sandalen oder Turnschuhe gehen auch, sofern sie durch ihre Sohlen keine schwarzen Striemen hinterlassen.)

Selbst auf großen Booten ist der Stauraum begrenzt, und Schränke und Fächer sind meist kleiner als erwartet. Weiche Taschen oder Seesäcke kann man prima zusammenknüddeln und in Ecken verstauen – Koffer nicht!

Schlechte Idee

Gute Idee

Was sonst noch?

Auf deinem eigenen Boot kannst du natürlich vieles während des ganzen Sommers liegen lassen, aber auf fremden Booten musst du immer an alles denken. Ein Kartenspiel, Bücher, Zeichensachen, Musik und Kopfhörer, Fotoapparat – all das passt sicher noch irgendwo in deine kleine Tasche.

SICHERHEIT. Bevor man überhaupt aufs Wasser geht, muss man sich Gedanken über die richtige Rettungsweste machen. Sie muss perfekt passen – eine Rettungsweste für Erwachsene wird einem Kind nicht helfen, weil es rausrutschen wird. Am besten du gewöhnst dir an, die Rettungsweste immer gleich anzulegen, wenn du nahe beim Wasser bist (also auch auf dem Steg oder beim Toben in Wassernähe).

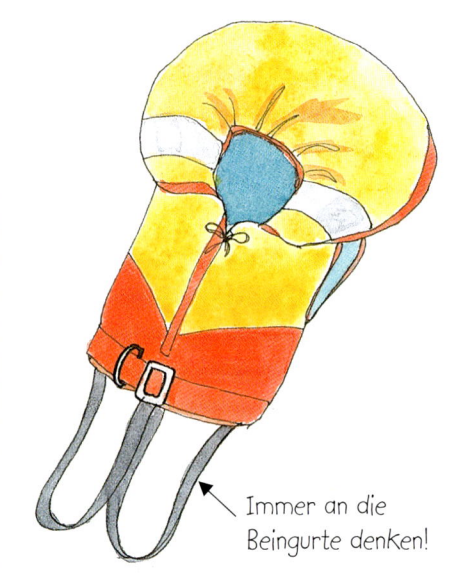

Immer an die Beingurte denken!

Eine solche Schwimmweste mit Rettungskragen hält deinen Kopf immer über Wasser.

Nachteil: Der dicke Kragen ist ungewohnt, auch das Polster am Bauch. Bei richtig heißem Wetter kommt man schnell ins Schwitzen.

Vorteil: Probier's einfach mal beim Spielen am und im Wasser aus, dann wirst du schnell sehen, wie sicher du dich damit fühlst!

Eine automatische Rettungsweste ist erst mal flach und klein und leicht – aber wenn sie ins Wasser fällt, bläht sie sich blitzartig auf. Eine kleine Gaspatrone füllt sie.

Vorteil: sehr leicht und angenehm zu tragen.

Nachteil: Wenn sie einmal aufgeblasen war, muss sie entpackt und die Gaspatrone erneuert werden. (Ersatz muss also immer mitgeführt werden an Bord!) Manchmal löst sie sich auch aus, weil man mit der Handauslösung irgendwo hängen bleibt. Natürlich werden deine Eltern im Notfall immer froh sein, lieber mal eine neue Patrone einzudrehen, aber wenn du die Weste beim Spielen im Beiboot oder beim Plantschen auslöst, wirst du vermutlich die Patronen irgendwann selbst bezahlen müssen.

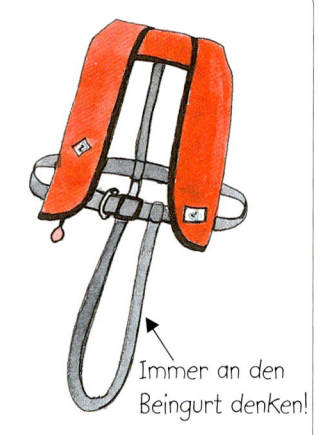

Immer an den Beingurt denken!

Diese Schwimmhilfe ist NICHT ausreichend! Sie hilft einem Schwimmer dabei, über Wasser zu bleiben, doch sie trägt nicht sein volles Gewicht. Auch ist nicht gesichert, dass der Kopf über Wasser bleibt.

Normalerweise wird sie nur von Jollenseglern benutzt. Wenn du schwimmen kannst, ist es aber sinnvoll, sie beim Spielen am oder im Beiboot zu tragen, damit du die automatische Weste nicht aus Versehen auslöst.

Nicht ohne meine Rettungsweste und die Sicherheitsleine!

Und zum Schluss ...

Ein Ende wird an deiner Rettungsweste oder deinem Lifebelt eingehakt ...

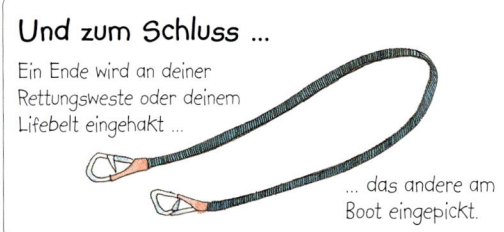

... das andere am Boot eingepickt.

Diese Sicherheitsleine verbindet dich mit dem Boot. Sie wird immer bei rauem Wetter benutzt, in der Nacht oder wenn der Skipper es anordnet!

WILLKOMMEN AN BORD!

AUFGABEN DER CREW

- Aufpassen, nicht ins Wasser zu fallen

- Sich an Deck bewegen, ohne zu stolpern

- Die Kajüte nicht mit einem Haus verwechseln

- Leinen lösen und sauber aufschießen

- Fender ausbringen und einholen, ohne sie ins Wasser zu schmeißen

MARINAS UND HÄFEN sind wie Parkplätze für Boote. Im Grunde kann man entlang der festgemachten Boote spazieren und schließlich einfach an Bord gehen. Doch halt! Wir sind am Wasser, und so musst du immer wie ein Seemann denken und handeln – zum Beispiel indem du die Schwimmweste anlegst, bevor du die Steganlage betrittst!

Achte auf herumliegendes Tauwerk und Klampen oder Poller (das sind die sperrigen Dinger, an denen die Boote festgemacht sind), damit du nicht schon auf dem Steg ins Stolpern gerätst.

Rennen verboten! Stege können schwanken, speziell lange Schwimmstege, die zu den Booten führen.

In Tidengewässern (also Gewässern mit Ebbe und Flut bzw. Hoch- und Niedrigwasser) gibt es nur Schwimmstege – gerade bei Niedrigwasser können die zu den Stegen führenden Treppen und Gänge sehr steil sein. Natürlich gibt es auch feste Stege, die deutlich sicherer zu begehen sind.

PASS AUF! Anker, die über dem Bug gelagert sind, hängen oft genau auf Kopfhöhe über dem Steg!

AUFPASSEN! Mit den Handwagen der Häfen zu spielen ist eine so schlechte Idee, dass du nicht mal daran denken solltest!

Papa sagt, wenn du nicht in fünf Minuten fertig bist, legt er ohne dich ab!

Häfen haben Duschen und Toilettengebäude. Diese sollten auch benutzt werden, und nicht die Toilette an Bord!

In Häfen können alle eine Menge Spaß haben – zum Beispiel beim Krebsangeln ...

Jetzt ist es an der Zeit, ein paar weitere Begriffe aus der Seemannssprache kennenzulernen – besonders damit du weißt, wovor du dich in Acht nehmen solltest, wo du dich festhalten kannst und worüber man gerne AN DECK stolpert.
Grundsätzlich gilt: eine Hand für dich (zum Festhalten), eine Hand fürs Schiff (zum Arbeiten).

Die Masten, Leinen und Drähte einer Segelyacht, die mit dem Segel zu tun haben, nennt man Rigg. Es wird in zwei verschiedene Typen unterteilt: in das stehende und das laufende Gut. Am stehenden Gut kann man sich prima festhalten, am laufenden Gut nicht. Aber was ist was?

LAUFENDES GUT
sind alle Leinen, die das Segel bzw. die Segelführung kontrollieren. In der Zeichnung sind sie rot dargestellt.

STEHENDES GUT
Ist oft aus Draht gefertigt und spannt den Mast nach allen Seiten ab. Hieran kann man sich prima festhalten. Hier bei uns ist es grün eingezeichnet.

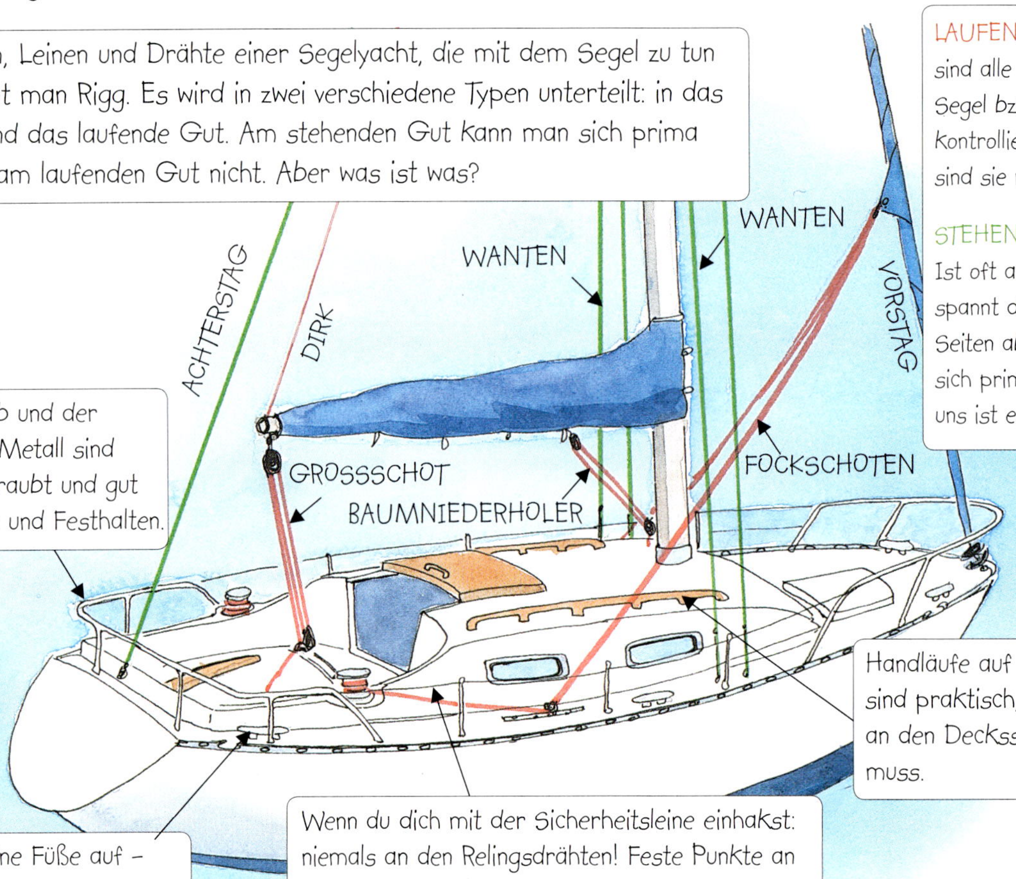

Der Heckkorb und der Bugkorb aus Metall sind sicher verschraubt und gut zum Anlehnen und Festhalten.

ACHTERSTAG

DIRK

WANTEN

WANTEN

VORSTAG

GROSSSCHOT
BAUMNIEDERHOLER

FOCKSCHOTEN

Handläufe auf dem Kajütdach sind praktisch, wenn man sich an den Decksseiten bewegen muss.

Pass auf deine Füße auf – Klampen und Blöcke an Deck sind prima zum Zehenstoßen geeignet!

Wenn du dich mit der Sicherheitsleine einhakst: niemals an den Relingsdrähten! Feste Punkte an Deck oder die Handläufe oder extra gespannte Leinen (»Strecktaue«) sind sicher, Relingsdrähte sind es nicht, sie können reißen!

Das Deckslayout eines Motorcruisers ist wesentlich einfacher als das eines Segelbootes. Doch lass dich nicht täuschen: Bei ordentlich hoher Geschwindigkeit musst du dich auch hier überall gut festhalten!

Die Relingsstützen sind auf einem Motorboot meist kräftig ausgeführt, sodass sie guten Halt bieten.

Die Treppen zur Flybridge, zur oberen Brücke, können besonders auf See gefährlich sein. Halte dich immer gut fest!

Das Vordeck ist der beste Platz zum Sonnenbaden – auf hoher See jedoch nicht ohne Sicherung!

Sofern Handläufe vorhanden sind: Benutze sie, wenn du am Deck entlanggehst!

Die Badeplattform darf während der Fahrt nicht betreten werden.

WIE KOMMT MAN NUN AN BORD? Manchmal ist es leicht, manchmal schwer. Große (Motor-)Boote haben oft eine Gangway ausgebracht oder richtige Treppen, sodass man bequem an Bord gelangen kann. Speziell bei Segelbooten muss man aber zumeist über die Reling klettern ...

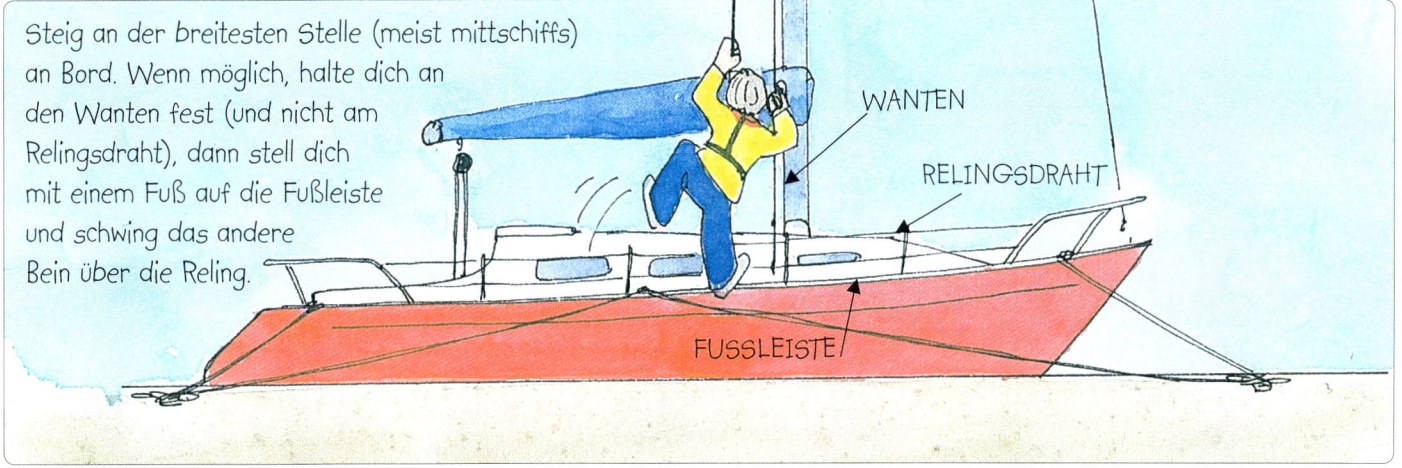

Steig an der breitesten Stelle (meist mittschiffs) an Bord. Wenn möglich, halte dich an den Wanten fest (und nicht am Relingsdraht), dann stell dich mit einem Fuß auf die Fußleiste und schwing das andere Bein über die Reling.

WANTEN
RELINGSDRAHT
FUSSLEISTE

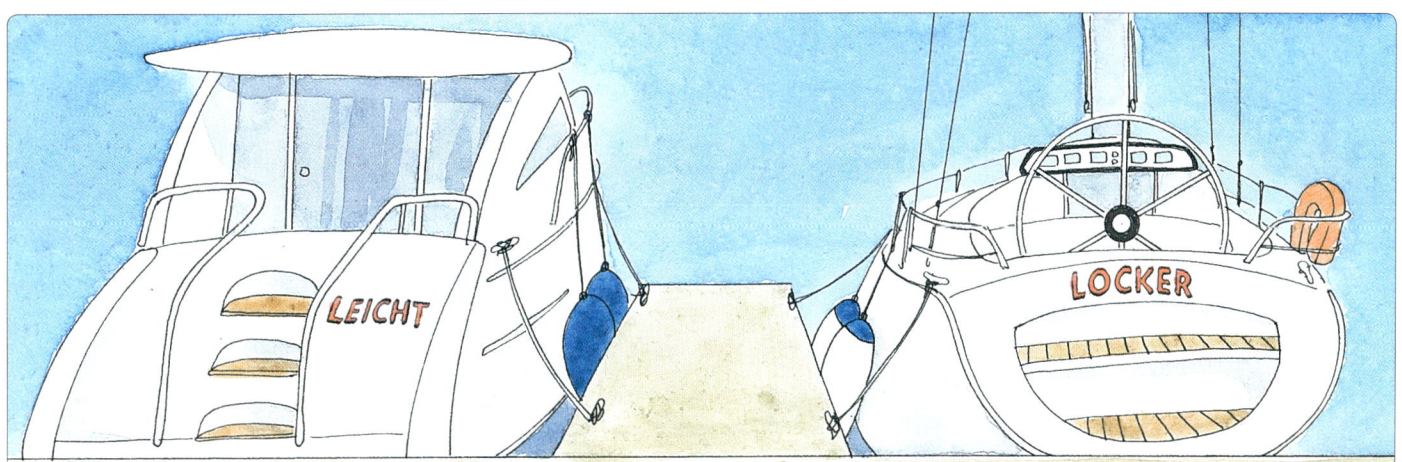

LEICHT

LOCKER

Manchmal steigt man über das Heck an Bord, das ist besonders in den Mittelmeerländern üblich. Gerade neuere und größere Boote haben deshalb Stufen im Heck integriert – das macht es einfacher.

Wenn das Boot vor Anker oder an einer Muringtonne im Wasser liegt, steigt man über das Beiboot ein und aus. Bei Wind und Welle kann das eine ganz schön wackelige Angelegenheit werden!

Wenn du nicht mit einem Schritt bis zur Fußleiste kommst, knie dich drauf und zieh dich an den Wanten oder dem Handlauf hoch.

WANTEN
HANDLAUF

Pass auf, dass deine Finger INNEN im Beiboot sind, sobald ihr euch dem Ankerlieger nähert – sonst werden sie gequetscht!

Steig immer von der Mitte des Beiboots aus auf das große Boot, nicht vom kippeligen Rand. Ansonsten gilt auch hier: mit einem Fuß (oder Knie) auf die Fußleiste, an Wanten oder Handlauf festhalten, und das andere Bein über die Reling schwingen.

UNTER DECK

Die Kabinen eines modernen Schiffes sind meist sehr komfortabel und gleichen deiner Umgebung zu Hause.

Dennoch, vergiss nie: Du bist auf See, deshalb ist achtsames Verstauen extrem wichtig!

In der Kajüte und in den Kabinen findest du jede Menge sinnvoller Handläufe zum Festhalten. Finde zunächst heraus, wo sie sind, und dann: benutze sie!

Beim Niedergang auf Segelyachten finden sich meist Handläufe an der Treppe. Halte dich gut fest und steige die Stufen immer rückwärts hinunter!

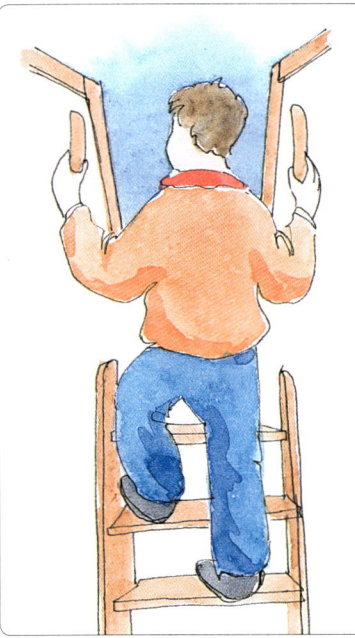

Sobald du die elektrischen Geräte (Licht, CD-Player, Radio) nicht mehr benutzt, schalte sie aus, um Energie und Batterien zu sparen. Die großen Bordbatterien werden mithilfe des Motors geladen – und dieser wiederum muss Strom aus ihnen bekommen, um überhaupt anzuspringen. Besonders auf einem Segelboot möchte man den Motor nicht zu oft laufen lassen.

Wasser ist kostbar an Bord – man kann nur so viel mitnehmen, wie in die Tanks passt. Die Wasserhähne mögen ja so aussehen wie die zu Hause, aber der Behälter am anderen Ende ist schneller leer, als man denkt. Daher z. B. beim Zähneputzen nie den Hahn laufen lassen!

Auf manchen Booten gibt es nicht nur Süßwasser, sondern auch einen Hahn für Salzwasser aus dem Meer. Finde erst heraus, was was ist (und ob du das Wasser aus dem Hahn trinken kannst), bevor du es benutzt!

Lass dir gleich am Anfang zeigen, wie die Toilette und die Spülung funktionieren (und nicht erst, wenn du dringend musst) – auf manchen Booten sind sie ganz schön kompliziert!

Benutze die Bordtoilette nicht im Hafen und denke daran, dass außer Klopapier nichts Körperfremdes in die Toilette gehört.

SICHERHEITSCHECK. Wenn du das erste Mal auf einem Schiff bist, wird dir der Kapitän erst mal eine Sicherheitseinweisung geben, also erklären, welche Rettungsmaßnahmen es gibt und wie sie angewendet werden – von der Schwimmweste bis zu den Feuerlöschern und Rettungsbooten. Wir zeigen hier ein paar grundsätzliche Dinge – schau dich doch mal um, wo sie bei dir an Bord zu finden sind!

Vergiss nicht Medikamente gegen Seekrankheit!

Wenn du nicht sicher bist, wie seefest du bist, versorge dich schon an Land mit Medikamenten oder guten Tipps gegen Seekrankheit. Manche Dinge nimmt man besser schon im (ruhigen) Hafen ein. (Mehr zum Thema Seekrankheit in Kapitel 5.)

Dies ist eine Rettungsboje. Sie wird einem Über-Bord-Gefallenen hinterhergeworfen, sodass man ihn hoffentlich auch bei höheren Wellen noch finden kann.

Ein Rettungskragen und eine Lampe. Auch sie werden einem Über-Bord-Gefallenen hinterhergeworfen. Einerseits als Schwimmhilfe, andererseits, damit er besser gesehen wird.

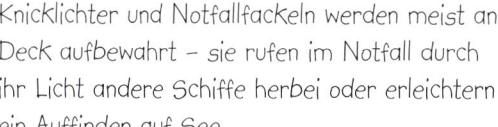

Feuerlöscher befinden sich in der Kajüte – einer in der Nähe der Kombüse, einer in der Nähe des Motors. Lass dir ihren Gebrauch erklären!

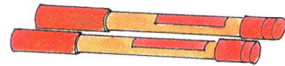

Ein UKW-Funkgerät mit DSC-Controller wird zur Kommunikation von Boot zu Boot oder zu Küstenstationen benutzt. Außerdem ruft man damit Hilfe bei Seeunglücken herbei.

Knicklichter und Notfallfackeln werden meist an Deck aufbewahrt – sie rufen im Notfall durch ihr Licht andere Schiffe herbei oder erleichtern ein Auffinden auf See.

Die wichtigste Regel auf See: FALL NICHT ÜBER BORD! Auch bei ruhigem Wetter kann die Welle eines vorbeifahrenden Bootes (selbst eines Dingis!) dich plötzlich aus der Balance reißen.

Eine automatische Rettungsinsel befindet sich meist in einer Box verpackt an Deck. Sollte das Boot sinken, bläst sie sich automatisch auf und dient der Besatzung (also euch allen) als Not-Boot.

Vergiss nie, dass du auf See bist, also: immer eine Hand für dich (zum Festhalten)!

Der Fisch, den ich gestern gefangen habe, war bestimmt soo groß ...

... mindestens!

LEINEN LOS! Ankerleinen oder Festmacher sind meist an sogenannten Klampen befestigt.

Suche alle Klampen an Deck, damit
a) du sie benutzen kannst, wenn du darum gebeten wirst
b) du nicht über sie stolperst!

Am geschicktesten löst man die Festmacherleinen, wenn sie »auf Slip« liegen oder gelegt werden: an einer Seite auf dem Boot festgemacht, dann über einen Poller oder eine Klampe oder durch einen Ring an Land oder an der Muringtonne gezogen und das andere Ende ebenfalls wieder an Deck befestigt oder in der Hand gehalten. So kannst du die Leine ganz langsam und mit Gefühl führen, statt sie einfach loszuwerfen.

Führe die Leine, die du hältst, immer einmal um die Klampe herum, dann ist es nicht so schwer, das Boot zu halten, bis es endgültig losgemacht werden soll.

WIE MAN EINE KLAMPE MIT EINEM KOPFSCHLAG BELEGT. Auch wenn du vermutlich eine Leine zunächst losmachst, bevor du sie befestigst, ist es schlau zu wissen, wie das funktioniert (außerdem macht es Spaß, so etwas in ruhigen Minuten auf See zu üben!).

1. Leg das Tau einmal unten um die Klampe herum.

2. Führe die Leine nun in Form einer 8 über die Klampe (zwei sogenannte Kreuzschläge)

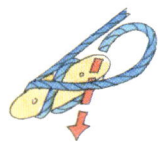
3. mach nun mit dem losen Ende eine »Bucht«

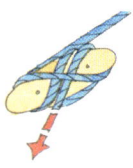
4. und dreh die gemeinsamen Enden so lange, bis sich ein »Auge« gebildet hat und das lose Ende genau neben dem obersten Kreuzschlag liegt.

Sobald das Kommando »Leinen los« (oder »Vorleine / Achterleine / Spring los«) ertönt, lässt du das lose Ende los und holst über das feste Ende die Leine so schnell wie möglich komplett an Deck.

»Ist los!«

Eigentlich sollte die Leine ganz leicht und frei um die Klampe an Land laufen, sodass du wirklich schnell arbeiten kannst. Sobald alles an Deck ist, kannst du das feste Ende an Bord lösen und alles aufräumen (seemännisch: »aufklaren«).

Sag dem Skipper unbedingt Bescheid, sobald das Boot nicht mehr fest mit dem Land verbunden ist!

Die Leinen müssen übrigens schnell an Deck gebracht werden, damit ihre Enden nicht neben dem Boot schwimmen – und in den Propeller geraten. Das würde den Motor im besten Fall zum Stoppen bringen, im schlechtesten Fall sogar kaputtmachen!

»Alles Klar!«

Im Hafen wird der Rumpf durch Fender geschützt, die an den Seiten des Bootes hängen. Sobald ihr losgemacht habt, ist es Aufgabe der Crew, die Fender wieder einzuholen, loszumachen und sicher zu verstauen.

Den Fenderknoten zu lösen ist nicht besonders schwer, aber du solltest auch wissen, wie du ihn machst! Eine Möglichkeit ist der RUNDTÖRN MIT ZWEI HALBEN SCHLÄGEN.

Hol die Fender erst an Deck, bevor du sie abknotest – dann kann keiner über Bord fallen, wenn du aus Versehen die Fenderleine loslässt.

WIE MAN EINEN RUNDTÖRN MIT ZWEI HALBEN SCHLÄGEN KNÜPFT.

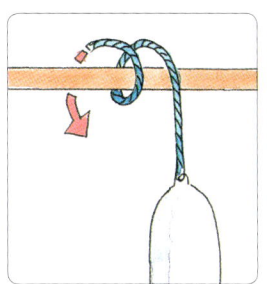

Leg das lose Ende der Leine zweimal um die Reling.

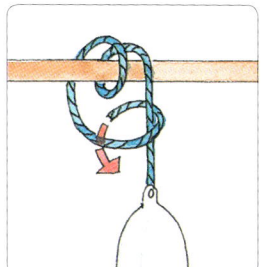

Dann mit dem losen Ende einen halben Schlag um die »stehende Part«, also das feste Ende, an dem der Fender hängt, machen.

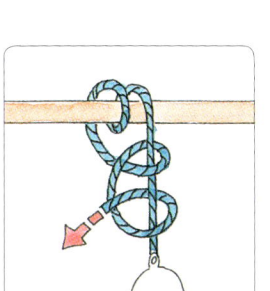

Den zweiten halben Schlag in gleicher Richtung wie den ersten um die stehende Part herumlegen.

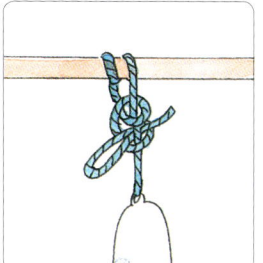

Wenn du beim zweiten halben Schlag eine Schlaufe lässt (wie beim Schuhezubinden), kann der Knoten schneller, nämlich mit einem Ruck, gelöst werden.

VON EINER MURINGTONNE ABZULEGEN ist einfacher, als von einem Steg abzulegen – man hat nämlich meist nur eine Leine statt bis zu vier oder gar sechs! Manchmal gehören sogar eine oder zwei Festmacherleinen zur Muringtonne dazu – dann musst du sie nur von der Vorschiffsklampe heben (wenn es ein festes Auge gibt) oder den Kopfschlag lösen und die Leine ins Wasser fallen lassen.

Entferne niemals die Muringleine, bis der Skipper das Kommando dazu gibt – ein Schiff festzuhalten ist schwerer, als du glaubst!

Wenn das Boot frei ist, sag deinem Skipper Bescheid: »Leinen sind los!«

Wenn eine Festmacherleine an Bord ist, gehört es zu den Aufgaben der Crew, sie ordentlich zusammenzulegen (»aufzuschießen«) und wegzuräumen (»zu verstauen«).

Schritt 1

Wenn du Rechtshänder bist, leg die Buchten mit der rechten Hand und halte den Bunsch mit der linken. Solltest du Linkshänder sein, machst du es andersherum.

Schritt 2

Das Geheimnis eines gut aufgeschossenen Bunsches liegt darin, die rechte Hand bei jeder Schlaufe immer ein wenig nach außen zu drehen. So können keine Kinken im Tauwerk entstehen. Wenn du unsicher bist, lass es dir von jemandem zeigen.

Schritt 3

Damit die Schlaufen immer die gleiche Länge haben, miss die Buchten einfach mit deinen Armen aus. Eine Armlänge gleich eine Bucht.

Huch!

So verdreht sollte das möglichst nicht aussehen! Wenn das passiert, hast du vergessen, die Hand beim Legen der Buchten zu drehen. Geh zurück zu Schritt 2 und versuche es noch einmal von vorne.

Wenn du alles aufgeschossen hast, zeige den Bunsch deinem Skipper und schau dir an, wie man das Tau nun sichert. Dazu gibt es verschiedene Methoden. Wir zeigen dir hier nur eine, die besonders sinnvoll ist, wenn man den Bunsch irgendwo aufhängen will. Greife am Ende des Aufschießens eine Bucht, lege sie ein paar Mal um den Bunsch herum und ziehe sie, wie auf Bild 3 zu sehen, durch das obere Schlaufenpaket. Nun kann der gesamte Bunsch an einem Haken aufgehängt werden. Wenn die Leine einfach weggelegt werden soll, ziehe deine eigene Schlaufe nach dem Durchfädeln am Schluss einfach über das obere Schlaufenpaket (Bild 4) – schon fertig.

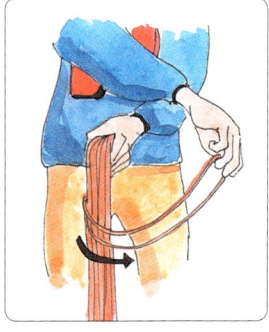   

SETZT DIE SEGEL!

AUFGABEN DER CREW

- Beim Segelsetzen und Trimmen helfen

- Die Winschen benutzen, ohne sich dabei die Finger zu klemmen

- Wissen, was beim Wenden und Halsen zu tun ist

- Aufpassen, nicht über Bord zu fallen

Endlich geht es raus auf See! Dieses Kapitel richtet sich vor allem an Segler, damit sie wissen, wofür die ganzen Leinen und Segel gut sind – aber es schadet überhaupt nichts, es auch als Motorboot-Mitfahrer zu lesen! Manchmal kann man dann nämlich die Arbeit auf einem Segelboot besser einschätzen und dadurch helfen, Zusammenstöße (»Kollisionen«) zu vermeiden.

Die meisten Yachten haben zwei Segel, das GROSSSEGEL und die FOCK. Die Leinen, die die Segel aufholen und niederfallen lassen, heißen FALLEN, die anderen, die bestimmen, wie dicht oder locker die Segel geführt werden, SCHOTEN. Leider gibt es oft noch eine Vielzahl anderer Segel und Leinen, aber wenn du dir erst mal das merken kannst, weißt du schon viel – und das Wesentliche!

Vermutlich werdet ihr den Hafen unter Motor verlassen (es geht auch unter Segel, aber das machen die wenigsten) und die Segel erst draußen, im weiten Wasser und mit viel Platz ringsherum setzen. Dennoch ist es schlau, die Segel zum Setzen schon im Hafen vorzubereiten.

Lass uns mit dem Setzen des GROSSSEGELS anfangen ...

Zieh das Fall nach unten, um das Segel nach oben zu holen, also um es zu setzen. Du brauchst viel weniger Kraft dazu, wenn du das lose Ende um eine Klampe führst und festhältst, dann in das Fall greifst und dich mit deinem Gewicht nach außen lehnst. Wenn du zurückkommst, führe das Fall nach unten und ziehe gleichzeitig das lose Ende durch. Keine Sorge, es klingt viel komplizierter, als es ist!

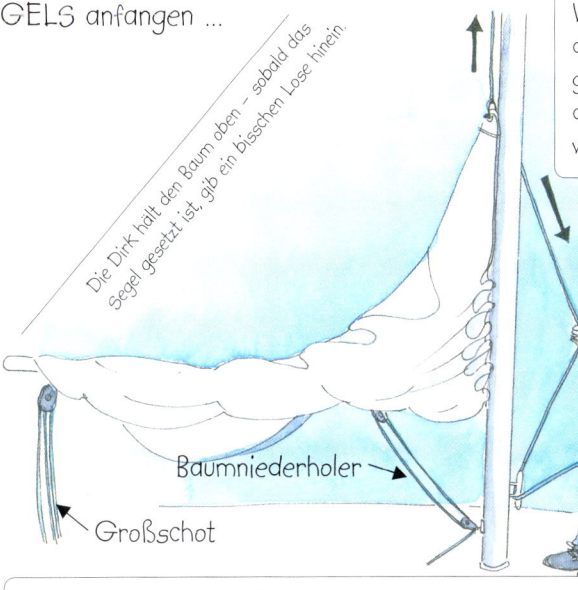

Die Dirk hält den Baum oben – sobald das Segel gesetzt ist, gib ein bisschen Lose hinein.

Baumniederholer

Großschot

Das Segelkleid kann bereits im Hafen abgenommen werden. Die Zeiser (also die Bänder, die das Segel am Baum festhalten) werden jedoch erst kurz vor dem Setzen gelöst.

Die Großschot kontrolliert das Großsegel. Der Baumniederholer hält den Baum unten. Beide müssen losgeworfen sein, während du das Segel setzt.

WIE MAN EIN FALL AUFSCHIESST UND AN EINE KLAMPE HÄNGT

Wenn das Segel gesetzt ist und das Fall belegt wurde (mit einem Kopfschlag, siehe S. 20), schieß das Tau auf. Dann greifst du mit deiner Hand durch den Bunsch dicht an die Klampe ...

... ziehst dieses Ende durch den Bunsch und verdrehst die Schlaufe, sodass du ein Auge erhältst.

Nimm das Auge und häng es über die Klampe. Fertig.

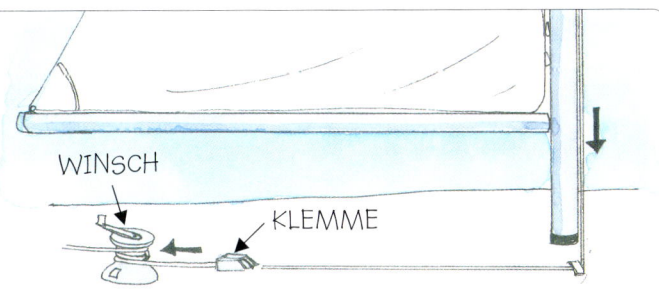

WINSCH

KLEMME

Wenn Fallen ins Cockpit bzw. die Plicht umgelenkt werden, können die Segel bequem von dort aus gesetzt werden.

Bei vielen Yachten laufen die Fallen nicht am Mast, sondern sind über Rollen ins Cockpit bzw. die Plicht umgelenkt. In diesem Fall muss man nicht zum Mast klettern, um das Segel zu setzen.

Es gibt eine Winsch, die beim Dichtholen hilft, und eine Klemme, durch die das Fall geführt wird und die es hält. Mehr dazu später in diesem Kapitel.

DIE FOCK SETZEN – Es gibt zwei Arten, die Fock zu setzen. Entweder ist sie mit Stagreitern am Vorstag befestigt und wird daran in die Höhe gezogen (wobei das Fall am Mast verläuft oder umgelenkt wird ins Cockpit), oder es handelt sich um eine sogenannte Rollfock. Diese findet sich meist auf moderneren Schiffen, ist an einer Schiene am Vorstag befestigt und um diese Schiene herum aufgewickelt. Um sie zu setzen, wird an der Schot gezogen. Oft sind diese Rollfocks sehr groß, sodass man sie auch Genua nennt – bei etwas mehr Wind wird einfach nicht alles Tuch ausgewickelt, sondern nur so viel, wie das Schiff gerade verträgt.

Eine Fock hat zwei Schoten, auf jeder Seite des Masts eine. Benutzt wird immer nur die Leeschot (also die, die auf der gleichen Seite läuft, auf der auch das Segel steht).

ROLLFOCK

Die Trimmleine wird gelöst und die Leeschot geholt, sodass sich das Segel auswickelt – das ist schon alles!

MEHR SEEMANNSSPRACHE

Ich zieh doch schon so fest ich kann!

Mach fest!

Wenn jemand sagt »mach fest«, bedeutet es, dass du die Leine an einer Klampe oder Klemme belegen oder festmachen sollst – sie soll nicht weiter geholt werden, aber auch nicht wieder ausrauschen.

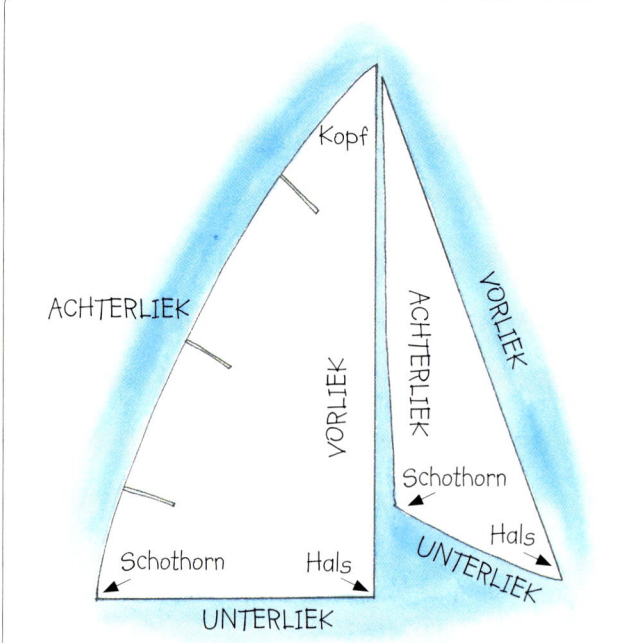

Alle Ecken und alle Kanten des Segels haben bestimmte Namen. Es ist ein bisschen wie Vokabeln lernen – manchmal ist es ganz sinnvoll, wenn man weiß, wovon gesprochen wird.

Eine Konventionelle (»normale«) Fock ist mit Schnappern (richtig heißen sie Stagreiter) am Vorstag befestigt. Das Fall hängt am Kopf, und wenn du es holst, wird die Fock am Kopf nach oben gezogen. Je nach Windstärke (und Windrichtung) haben die meisten Boote verschieden große Vorsegel.

Wenn du die Fock aus dem Segelsack holst, binde ihn immer gut fest – er ist schnell ins Wasser geweht!

WIE DIE LEINEN BEFESTIGT WERDEN. In einer Jolle kannst du die Schoten gut aus der Hand führen, damit du immer in direktem Kontakt zum Segel stehst und schnell reagieren kannst. Die Fallen kannst du ebenfalls einfach so durchholen. Bei einer Yacht sieht die Sache schon anders aus, hier sind die Segel größer und dementsprechend auch die Kräfte, die darauf wirken. Zur Unterstützung gibt es Winschen, Klampen und Klemmen. Es ist wichtig zu wissen, wie sie funktionieren, damit du am Ende eines Törns noch genauso viele Finger hast wie zu Beginn!

WINSCHEN

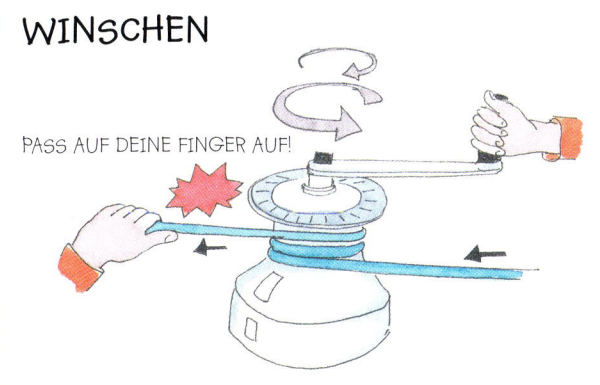

PASS AUF DEINE FINGER AUF!

Winschen helfen dir, Leinen dichtzuholen, wenn es schwer wird.

Die Leine muss immer IM UHRZEIGERSINN (also rechtsherum) um die Winsch gelegt werden. Zwei Turns reichen. Jemand hält das freie Ende und holt die Lose durch, während du kurbelst. Manche Winschen haben ein Getriebe – drehst du in die eine Richtung, geht es leichter, drehst du in die andere, schwerer. Wenn die Leine dicht genug geholt ist, mach sie fest (an einer Klampe belegen oder festklemmen), löse die Winschkurbel, nimm sie ab und verstaue sie (griffbereit fürs nächste Mal) an ihrem Platz.

Manche Winschen sind »selbstholend«: Sie haben am oberen Ende einen Kranz aus Zähnen, der das lose Ende der Leine selbsttätig weiterbefördert und festhält (ein zweiter Mann zum Bedienen der Winsch entfällt somit).

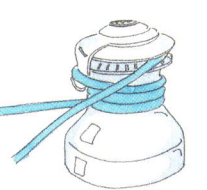

Selbstholende Winsch; funktioniert manchmal sogar als Klemme für die Leine.

Wie fiert man über eine Winsch? Sehr vorsichtig! Um nur ein wenig Lose zu geben, beispielsweise beim Fieren einer Schot, hält man die flache Hand an die Winschtrommel, sodass die Leine durch die Hand abgebremst wird. Die andere Hand hält das lose Ende und gibt langsam mehr Leine. Wenn die Leine schnell losgemacht werden soll (z. B. die alte Leeschot der Fock in einer Wende), hebst du, sobald der Druck aus der Leine genommen ist, einfach das lose Ende über die Winsch und wickelst die Leine nach oben hin ab.

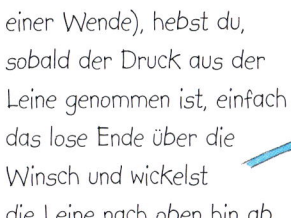

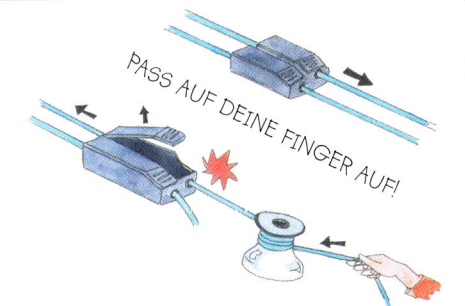

KLEMMEN Manchmal sind die Leinen durch Klemmen wie hier gezeigt gesichert, sodass sie nicht ausrauschen können. Beim Fieren muss der Hebel gelöst werden, **nachdem** einige Turns um die dahinter liegende Winsch gelegt wurden (sonst sind die Finger platt!). Nun kann gefühlvoll über die Winsch gefiert werden, und die Finger sind sicher.

PASS AUF DEINE FINGER AUF!

NIEMALS! solltest du dir eine Leine wie hier gezeigt um die Hand wickeln!

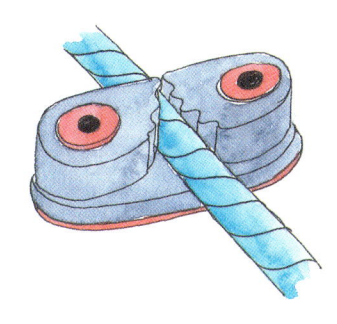

Dies ist eine CURRYKLEMME – meist findet man sie bei der Großschot. Sie hält die Leine fest, aber nur in eine Richtung, sodass sie sich jederzeit ohne zusätzlichen Handgriff dichter holen lässt. Zum Lösen ziehst du die Leine einfach mit einem kurzen Ruck nach hinten und oben.

WINDKRAFT. Eine Yacht kann fast überall hinsegeln – nur nicht direkt gegen den Wind. Moderne Yachten schaffen es bis zu einem Winkel von 40° an den Wind. Ein guter Segler weiß immer, woher der Wind weht – auch ohne Windmessgerät! Er spürt ihn im Gesicht oder an den Händen oder beobachtet die Küste und die Wellen genau. Probier es einmal selbst aus!

Dies sind die KURSE ZUM WIND – leider wieder mit ein paar »Vokabeln« aus der Seemannssprache!

Wenn das Boot die Richtung wechselt, muss der Segler die Segel entsprechend einstellen, indem er die Schoten fiert (mehr Leine gibt) oder holt (das Segel dichter heranzieht). Dieses Einstellen der Segel nennt sich SEGELTRIMM.

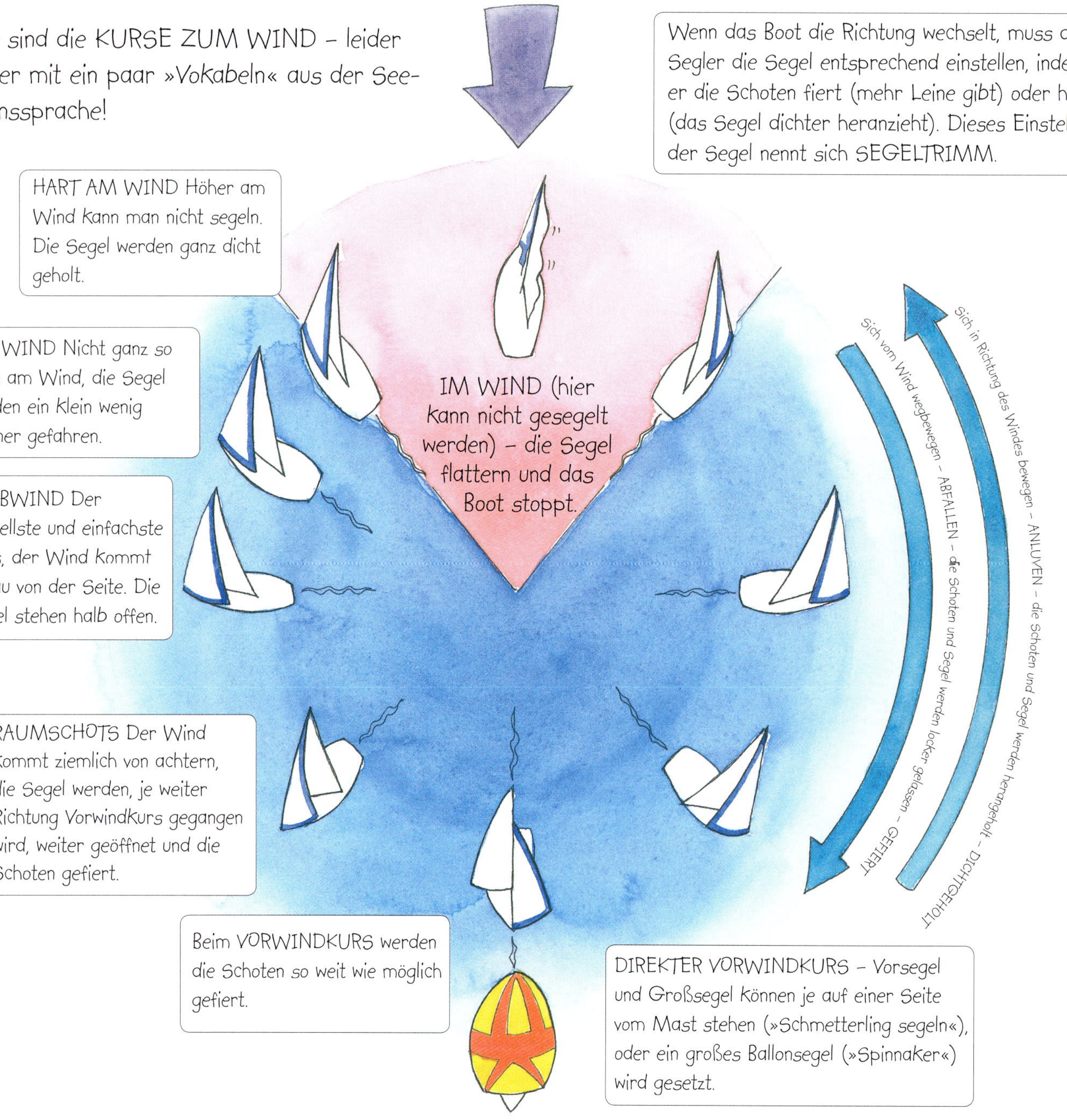

HART AM WIND Höher am Wind kann man nicht segeln. Die Segel werden ganz dicht geholt.

AM WIND Nicht ganz so hoch am Wind, die Segel werden ein klein wenig offener gefahren.

HALBWIND Der schnellste und einfachste Kurs, der Wind kommt genau von der Seite. Die Segel stehen halb offen.

IM WIND (hier kann nicht gesegelt werden) – die Segel flattern und das Boot stoppt.

RAUMSCHOTS Der Wind kommt ziemlich von achtern, die Segel werden, je weiter Richtung Vorwindkurs gegangen wird, weiter geöffnet und die Schoten gefiert.

Beim VORWINDKURS werden die Schoten so weit wie möglich gefiert.

DIREKTER VORWINDKURS – Vorsegel und Großsegel können je auf einer Seite vom Mast stehen (»Schmetterling segeln«), oder ein großes Ballonsegel (»Spinnaker«) wird gesetzt.

Sich vom Wind wegbewegen – ABFALLEN – die Schoten und Segel werden locker gelassen – GEFIERT

Sich in Richtung des Windes bewegen – ANLUVEN – die Schoten und Segel werden herangeholt – DICHTGEHOLT

LUV UND LEE

LUV: die dem Wind zugewandte Seite des Bootes

LEE: die vom Wind abgewandte / wegzeigende Seite des Bootes

BACKBORD- ODER STEUERBORDBUG?

Der Wind weht (die Segel) nach Steuerbord: STEUERBORDBUG. Der Wind weht (die Segel) nach Backbord: BACKBORDBUG. Vor dem Wind musst du schauen, nach welcher Seite der Großbaum zeigt. Weist er nach Backbord, bist du auf Backbordbug.

WIE FUNKTIONIEREN DIE SEGEL EIGENTLICH?
Wie du siehst, ist segeln mehr, als sich einfach nur vom Wind
treiben zu lassen. Boote können überhaupt nur deshalb so hoch am
Wind segeln, weil die Segel ähnlich eines Flugzeugflügels geformt
sind und der unterschiedliche Druck des Windes sie antreibt – und
sogar ziehen kann.

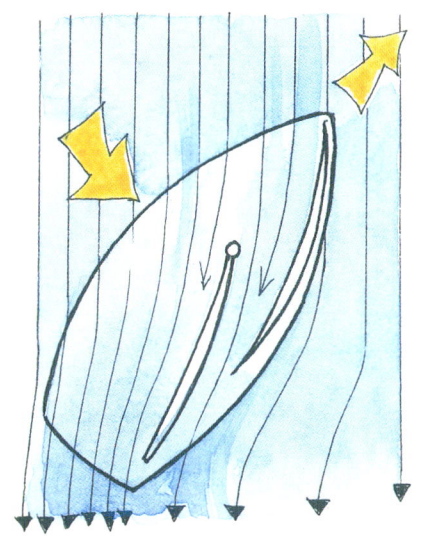

Doch nicht nur die Form des Segels und die Segelstellung sind ent-
scheidend, sondern auf manchen Kursen auch der Kiel eines Bootes.
Er sorgt unter Wasser nämlich als »Gegengewicht« der Segel
dafür, dass das Boot nicht einfach zur Seite abtreibt (wobei das ein
kleines bisschen immer passiert).

Wenn ein Boot hoch am Wind segelt, sind die seitlichen Kräfte am größten, ebenso wie der Druck im Segel. Das
Boot möchte ausweichen und sich auf die Seite legen (»krängen«). Wenn du das nicht kennst, kann es beängsti-
gend wirken, aber eigentlich ist es ganz normal. Das Gewicht des Kiels hält nun gegen den Winddruck im Segel,
sodass eine gewisse Stabilität entsteht: Man segelt vorwärts, wenngleich ein wenig auf die Seite gelegt.

Der Wind drückt
ins Segel und legt
das Boot auf die
Seite, aber das
Gewicht des Kiels
hält wie bei einer
Waage dagegen,
sodass das Boot
nicht umkippen
kann.

IN EINER BÖ

Je stärker der Wind, desto
mehr krängt das Boot ...

... aber sobald die Bö
vorüber ist, sind die Segel
entlastet (oder der Skipper
hat die Schoten gefiert
oder die Segel
gerefft) – das Boot
schwingt wieder in seine
aufrechte Lage zurück.

KEINE PANIK!! Eine Yacht ist dafür gebaut, auch mal auf der Seite zu liegen. Wenn es zu heftig wird, wird
der Skipper reagieren – auf jeden Fall werdet ihr nicht kentern!

KREUZEN. Du kannst nicht direkt gegen den Wind segeln, aber wenn der Wind nun mal gerade daher weht, wo du hin willst, musst du ihn überlisten und KREUZEN. Im Grunde also im Zickzack hoch am Wind segeln. Beim Kreuzen fährt man eine Wende nach der anderen, sodass der Wind mal von der einen, mal von der anderen Seite die Segel füllt. Und so geht es …

1. Vergewissere dich, dass die momentan nicht gebrauchte Luvschot des Vorsegels klar liegt (Turns um die Winsch legen). Beobachte das Vorsegel.

2. Der Steuermann ruft: »Reel« und beginnt anzuluven, den Bug also in den Wind zu drehen. Achtung, lass die Schot jetzt noch nicht los! Warte, bis das Boot direkt im Wind liegt und die Segel zu flattern beginnen.

3. Wirf die alte Vorsegelschot los (pass auf deine Finger auf!), sobald der Baum des Großsegels herumschwenkt.

4. Hol die neue Leeschot des Vorsegels so schnell du kannst dicht, bevor der Wind mit voller Kraft ins Segel greift.

5. Wenn es zu schwer geht, benutze die Winschkurbel für das letzte Stück. Wenn es keine selbstholende Winsch ist, bitte jemanden, das lose Ende durchzuholen.

Wie weiß man, wie dicht die Segel geholt werden müssen? Schau in die Windfäden des Vorsegels:

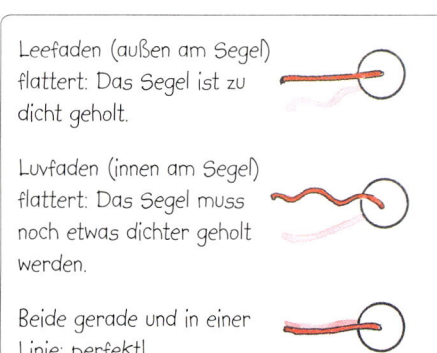

Leefaden (außen am Segel) flattert: Das Segel ist zu dicht geholt.

Luvfaden (innen am Segel) flattert: Das Segel muss noch etwas dichter geholt werden.

Beide gerade und in einer Linie: perfekt!

VOR DEM WIND SEGELN. Bei einem Kurs vor dem Wind sind die Segel so weit wie möglich geöffnet, damit sie so viel Wind wie möglich einfangen können. Ein Vorwindkurs ist meist sehr entspannend – aber nicht immer ungefährlich!

Bei einem Vorwindkurs solltest du auf keinen Fall seitlich auf der Kajüte hinter dem Mast sitzen …

Pass auf, wir …

… denn wenn das Boot schaukelt, kann der Baum ganz plötzlich herumschwingen – mit unglaublicher Kraft! Das nennt man eine »Patenthalse«.

… halsen!!

KLONK!

TRICKS AUF VORWINDKURSEN

Wenn der Wind direkt von hinten kommt, kann man Schmetterling segeln – Großsegel und Vorsegel stehen zu beiden Seiten des Masts. Eine zusätzliche Spiere kann das Vorsegel nach außen drücken. Damit nicht plötzlich eines der Segel zur anderen Seite umschlägt, ist es gesichert – mit einem sogenannten Bullenstander. Das ist eine Leine, die vom Ende des Baumes nach vorne führt und dort belegt ist.

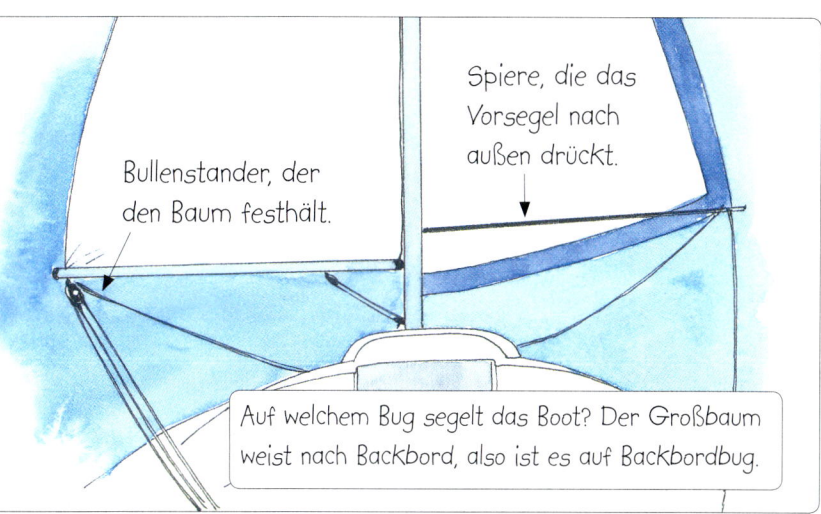

Bullenstander, der den Baum festhält.

Spiere, die das Vorsegel nach außen drückt.

Auf welchem Bug segelt das Boot? Der Großbaum weist nach Backbord, also ist es auf Backbordbug.

SPINNAKER

Ein großes Ballonsegel aus ganz leichtem Material. Kann extrem viel Wind einfangen und sorgt so vor dem Wind für superschnelle Fahrt. Allerdings hat es auch jede Menge spezielle Leinen, sodass selbst erfahrene Skipper manchmal Probleme haben, dieses große Segel zu bändigen – und viele helfende Hände brauchen.

GENNAKER

Aus dem gleichen leichten Material wie der Spinnaker, aber viel einfacher zu bedienen – in etwa wie eine riesige Genua. Nicht so gut bei direktem Vorwindkurs, aber prima von Raumschots bis Vorwind.

Vor dem Wind segelnd die Richtung zu ändern heißt halsen, sofern man mit dem Heck des Bootes durch den Wind dreht (zur Erinnerung: Bei der Wende ist es der Bug, der durch den Wind geht!). Wie beim Wenden werden dabei die Segel auf die andere Seite des Bootes gebracht. Das läuft dann so ab:

Das Allerwichtigste bei einer Halse ist, den Baum nicht unkontrolliert und ungebremst von einer Seite zur anderen schwingen zu lassen. Im schlimmsten Fall kann sonst der ganze Mast von oben kommen!

WIND

Klar zum Halsen!

Ist klar!

Rund achtern!

Das Boot segelt auf Backbordbug

Der Wind kommt genau von achtern

Und das Boot segelt nach der Halse auf Steuerbordbug weiter

Die neue Fockschot wird zurechtgelegt, das Großsegel dichtgenommen.

Der Steuermann fällt noch weiter ab, bis das Heck genau zum Wind zeigt. Die Segel flattern nur kurz und der Baum schwingt auf die andere Seite. Die Crew holt das Vorsegel mit der neuen Schot über und lässt die Schot des Großsegels kontrolliert auslaufen.

Der Steuermann bringt das Schiff auf den neuen Kurs, und die Crew trimmt die Segel richtig ein.

Die Aufgaben der Crew während einer Halse gleichen denen bei einer Wende: Das Vorsegel muss mithilfe der Schoten von einer Seite zur anderen geholt werden. Da das Vorsegel nicht so dicht geholt werden muss wie beim Amwindkurs, kann man die neue Leeschot schon vor der Halse ein wenig stramm holen. Nach der Halse ist es dann nicht so schwer, das Segel korrekt zu trimmen.

Die Crew kann die neue Vorsegelschot holen und belegen, bevor die alte gelöst wurde und das Heck durch den Wind dreht.

Der Steuermann oder ein anderes Crewmitglied holt das Großsegel dicht, sobald das Manöver eingeleitet wird – also lange bevor der Baum überkommt!

Sobald die Segel den Wind von der anderen Seite bekommen, wird die alte Vorsegelschot losgeworfen und die neue entsprechend dem Kurs getrimmt.

Das Großsegel wird ebenfalls wieder gefiert und getrimmt.

ÜBERNIMM DAS RUDER!

AUFGABEN DER CREW

- Einen geraden Kurs steuern

- Nach dem Kompass steuern können

- Nach der Segelstellung steuern

- Unter Maschine steuern

- Aufpassen, nicht über Bord zu fallen

STEUERN – Boote werden mithilfe einer Pinne oder eines Steuerrads gesteuert – beide sind mit dem Ruder am Heck des Bootes verbunden. Die Pinne greift direkt auf das Ruder, das Rad arbeitet mit einer Reihe von Drähten und Stangen, die auf das Ruderblatt wirken. Sehen wir uns zunächst die Pinne an ...

Setz dich so hin, dass du richtig gut gucken kannst. Normalerweise ist das auf der Luvseite.

Eine Yacht dreht sich immer um den Kiel.

Drück die Pinne genau in die andere Richtung als die, in die du fahren willst. Denk dran: Eine Yacht reagiert viel langsamer als eine Jolle!

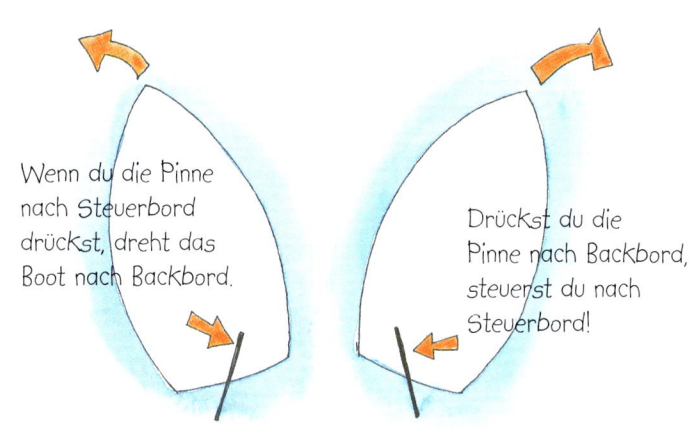

Wenn du die Pinne nach Steuerbord drückst, dreht das Boot nach Backbord.

Drückst du die Pinne nach Backbord, steuerst du nach Steuerbord!

Viele Yachten und nahezu alle Motorboote haben keine Pinne, sondern ein Steuerrad. In gewisser Weise ist es damit einfacher, weil es ans Autofahren erinnert (aber welches Kind kann schon Auto fahren?). Das Rad drehst du in die Richtung, in die du fahren willst. Schwierig ist es nur (besonders am Anfang) zu wissen, wie weit man das Rad drehen soll, und auch, wann das Ruder wieder mittig steht und du geradeaus fährst. Schau dir das Rad genau an: Manchmal ist es markiert, sodass man weiß, wann das Ruder mittschiffs steht.

Ruder mittschiffs

RUDER-ANZEIGE

Oh, Lukas hat wohl wieder mal 'ne neue Crew an Bord!

Pinne oder Ruder, beides ist das Steuer, und der, der es bedient, der Steuermann (sogar die Frauen und Mädchen sind Steuermänner!).

Um geradeaus zu fahren, musst du das Steuer nur wenig bewegen. Wenn du verwirrt bist, bring das Ruder mittschiffs und versuch es einfach noch mal!

Wie weiß man, welchen Weg man nehmen soll? Wenn du nahe der Küste bist, such dir ein auffälliges Objekt (einen Baum, eine Mühle, ein Kirchturm, eine Steilküste ...), auf das du schaust und an dem du dich orientierst. In manchen Gewässern musst du auch Ebbe und Flut mit einberechnen, aber dazu später mehr.

Manchmal ist es gar nicht so einfach, zu Beginn deiner Steuermannskarriere eine Tour zu erwischen, auf der genug Platz ist, um zu üben!

RICHTUNG IM BEZUG ZUR FAHRTRICHTUNG DES BOOTES – das ist die Bezeichnung, die für dich wichtig zu merken ist. Nur so ist eindeutig, woher z. B. der Wind weht (Halbwind – im Bezug zu deiner Fahrtrichtung!) oder wie du eine Tonne finden kannst (»recht voraus« – wenn du die Fahrtrichtung beibehältst).

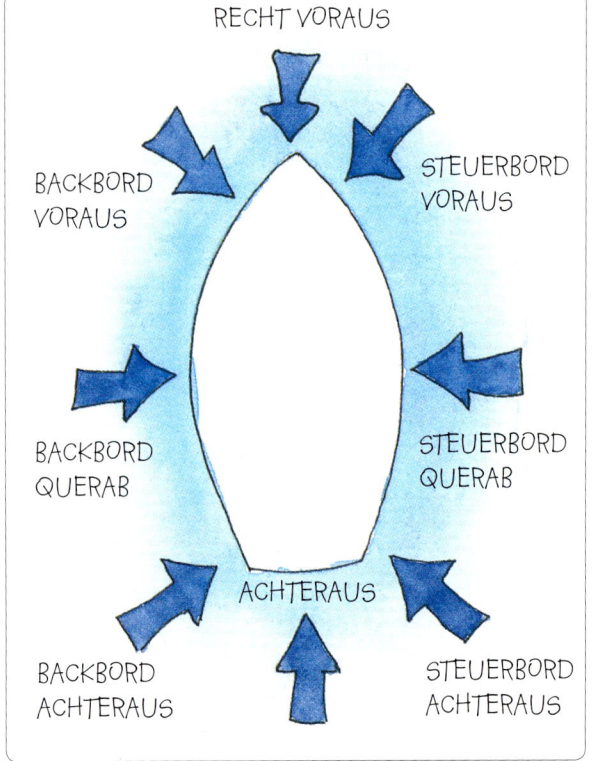

Ein guter Steuermann muss natürlich auch nach dem KOMPASS steuern können. Das benötigt ein wenig Übung, besonders um zu wissen, in welche Richtung Pinne oder Rad bewegt werden muss, um den Kurs (am Kompass) zu ändern!

Als Erstes musst du natürlich wissen, was die ganzen Zahlen und Buchstaben auf dem Kompass bedeuten ...

Die Kompassnadel weist immer zum magnetischen Nordpol, was nicht das Gleiche ist wie der wirkliche (sogenannte geografische) Nordpol.

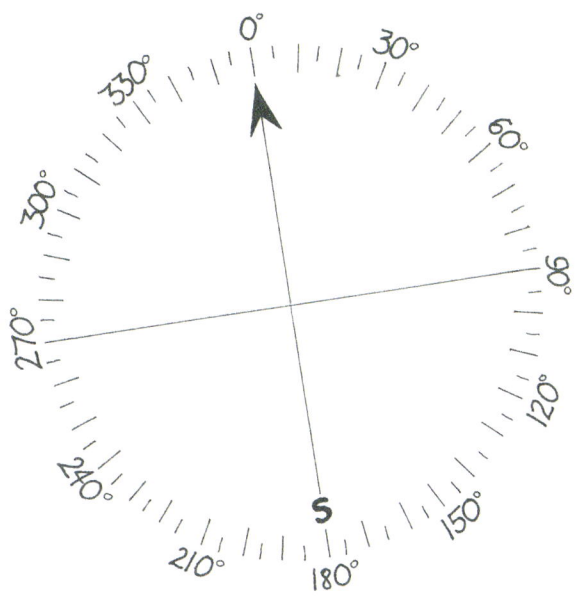

EIN BISSCHEN MATHEMATIK
(aber nicht zu viel!)

Statt nur in Norden (N), Süden (S), Osten (E nach Englisch »East«, weil das O mit Null verwechselt werden kann) und Westen (W) ist der Kompass in 360 Grad eingeteilt, genau wie ein Kreis. Nord liegt auf 0 Grad (oder 360), Ost auf 90, Süd auf 180 und West auf 270 Grad.

Es hilft, wenn man weiß, dass die Zahlen wie die einer Uhr nach rechts immer größer werden. Wenn du zum Beispiel 40 Grad steuerst und auf 60 Grad gehen sollst, musst du den Bug nach Steuerbord richten, um zur höheren Zahl zu kommen (gilt aber nur auf der Nordhalbkugel!).

Ein Beispiel: Du sollst 60 Grad steuern. Als du das Ruder übernimmst, zeigt der Kompass aber 90 Grad. Was tun?

Schau nicht nur auf den Kompass! Deine Augen müssen sich zwischendurch erholen, also wirf auch mal einen Blick in die Segel, auf die Wellen oder auf den Horizont, um zu überprüfen, ob du noch auf Kurs bist.

Wenn du zu verwirrt bist, hilft vielleicht folgende Idee: Der Kompass ist nur ein Ding an Bord, das fest und still steht. Das Boot dreht sich sozusagen um den Kompass bzw. die Kompassnadel herum. Hilft das?

Huch! Der Kurs liegt zu weit Steuerbord. Drück die Pinne nach Steuerbord, dann dreht der Bug nach Backbord und die Zahlen am Kompass werden kleiner.

60 Grad liegt an!

Huch! Zu weit gedreht! Nun musst du die Pinne nach Backbord legen, damit dein Schiff nach Steuerbord (und zu den höheren Zahlen) dreht.

NACH DEN SEGELN (ODER DEM WIND) STEUERN bedeutet, dass du das Schiff immer in der gleichen Richtung zum Wind halten sollst. Das klingt komplizierter als es ist. Was hilft, ist z. B. im Gesicht zu spüren, aus welcher Richtung es weht. Oder ein Blick in den Verklicker im Masttopp, der ja die Windrichtung im Verhältnis zum Boot anzeigt. Oder ein Blick in die Segel oder auf die Wellen. Manche Schiffe sind auch mit elektronischen Windmessern ausgerüstet ... nutze, was immer du brauchst!

HOCH AM WIND SEGELN ist besonders anstrengend am Anfang, vor allem wenn du so hoch wie möglich rangehen sollst. Der kleinste Fehler kann nämlich eine Wende einleiten – die Segel flattern, und der Baum kann überkommen.

Wenn du zu weit an den Wind gehst, heißt das IN DEN WIND SCHIESSEN – das Boot wird Fahrt verlieren und schließlich bei meist wild flatternden Segeln stoppen.

Lass dich davon nicht verunsichern! Fall ein bisschen ab und probier es noch mal – ein Blick auf das Vorliek des Großsegels kann helfen. Sobald sich dort ein »Gegenbauch« bildet (also eine Beule nach Luv), bist du zu hoch am Wind und musst ein bisschen abfallen (die Pinne zu dir ziehen, das Rad von dir wegdrehen – sofern du in Luv »auf der hohen Kante« sitzt!).

Oh, üben wir jetzt den Aufschießer?

So funktioniert der VERKLICKER oben im Masttopp (gezeigt wird es jetzt aus der Sicht einer Möwe hoch über dir, aber du siehst es genauso gut von unten aus der Plicht): Der Pfeil der Windfahne zeigt in den Wind – wenn die Fahne an seinem Ende innerhalb des »V« aus Metall steht, bist du zu hoch am Wind – »im Wind«.

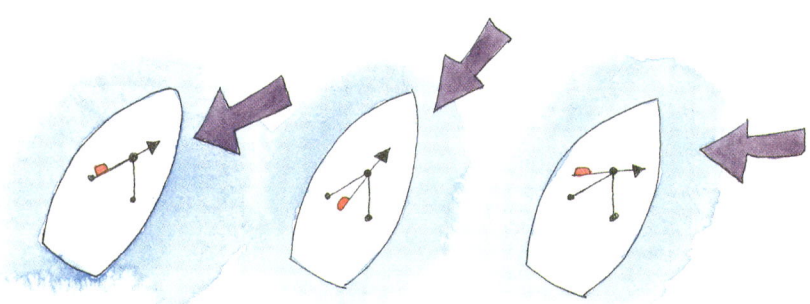

Dies ist ein elektronischer Windanzeiger. Die Nadel zeigt dir, woher der Wind kommt. Dieses Boot segelt hoch am Wind auf Backbordbug (der Wind kommt von Steuerbord voraus).

Hoch am Wind auf Backbordbug – die Fahne des Verklickers ist am Rande der Zone »im Wind«.

Wenn die Fahne im V des Verklickers steht, steht auch gleich dein Boot – du bist im Wind.

Am Wind – der Pfeil zeigt fast genau seitlich zur Bordwand, der Wind kommt von Steuerbord – bestes Segeln!

VOR DEM WIND zu steuern ist kniffelig, besonders wenn der Wind wirklich genau von achtern kommt – dann kann eine Unachtsamkeit des Steuermanns zu einer ungewollten Halse, einer »PATENTHALSE« führen. Noch schwieriger wird es, wenn zusätzlich große Wellen laufen, die das Schiff schlingern und vom Kurs abweichen lassen. Am besten, du versuchst diesen Kurs zunächst bei wirklich leichten Winden zu halten.

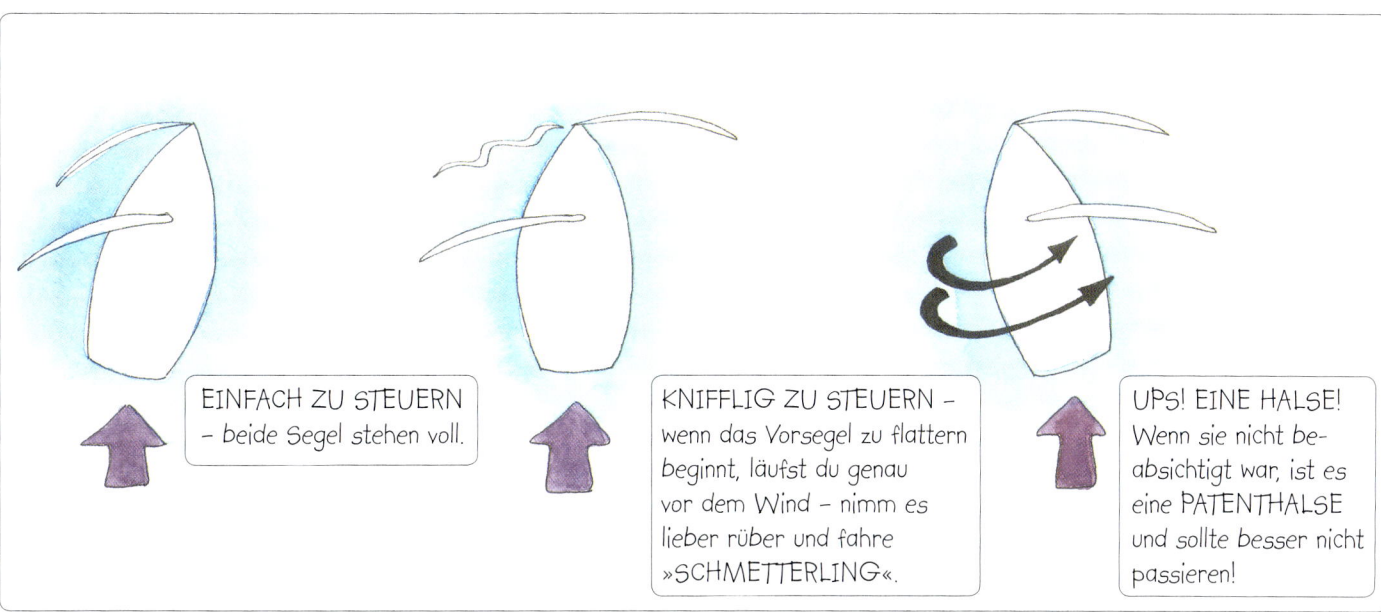

EINFACH ZU STEUERN – beide Segel stehen voll.

KNIFFLIG ZU STEUERN – wenn das Vorsegel zu flattern beginnt, läufst du genau vor dem Wind – nimm es lieber rüber und fahre »SCHMETTERLING«.

UPS! EINE HALSE! Wenn sie nicht beabsichtigt war, ist es eine PATENTHALSE und sollte besser nicht passieren!

Auf HALBWINDKURS zu steuern, also wenn der Wind genau von der Seite kommt, ist am einfachsten – mit diesem Kurs sollte ein Anfänger beginnen. Auch wenn du nicht genau Kurs halten kannst, passiert nichts Schlimmes.

EIN GEFÜHL FÜR DAS RUDER BEKOMMEN ...

Wenn du erst mal ein bisschen an der Pinne gesessen hast, wirst du ein Gefühl für den Wind und das Boot bekommen, sodass du nicht permanent Ausschau nach Kompass oder Landmarken halten musst. Auch wirst du schnell merken, wenn du die Segel anders trimmen musst!

Ein guter Steuermann hört auf sein Boot – es erzählt dir, was es möchte.

Nein, ich sagte etwas mehr nach Backbord!

UNTER MASCHINE. Im Grunde ist das Steuern eines Motorboots nicht so verschieden zum Steuern eines Segelboots – zumindest, wenn auch das Segelboot mit einem Rad gesteuert wird. Dennoch reagieren Motoryachten etwas anders. Sieh selbst …

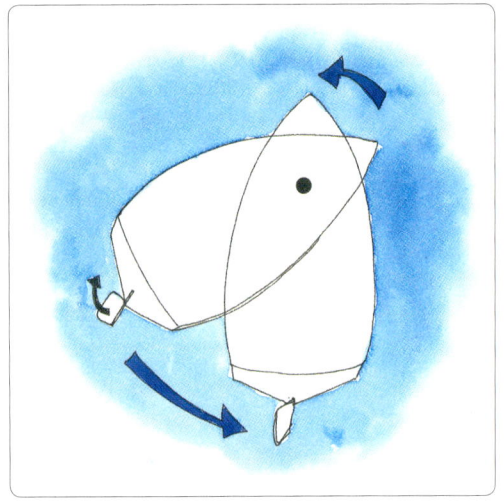

Das Ruderblatt eines Motorbootes ist viel kleiner als das von Segelbooten und kann nur dann richtig arbeiten, wenn es vom Wasser ordentlich angeströmt wird. Wenn die Maschine aus ist und kaum Fahrt im Schiff, wirst du nicht die Richtung ändern können. Dazu benötigst du die Hilfe des sich drehenden Porpellers.

Wenn ein Boot die Richtung ändert, liegt der Drehpunkt immer im Vorschiffbereich und nicht etwa in der Mitte des Bootes. Das Heck wird also immer weiter ausschwenken als der Bug, wenn du am Rad drehst.

DAS RAD DREHEN

Ein schwerer Verdränger dreht langsam und kontrolliert, braucht allerdings auch viel Platz.

Ein leichter Gleiter hingegen ist sehr wendig, er dreht schnell und leicht – hier musst du vorsichtig sein, das Rad nicht zu schnell oder zu weit zu drehen!

Du und deine blöden Richtungswechsel!

Motorboote nehmen die Propeller zu Hilfe, um auch bei wenig Platz gut manövrieren zu können. Boote mit zwei Motoren (Zwillingsmotoren) haben zwei Gashebel und nutzen sie, um auf engstem Raum zu manövrieren.

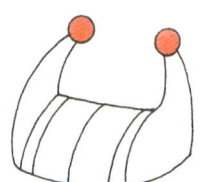

Wird der Hebel nach vorne gelegt, fährt man vorwärts – je weiter nach unten der Hebel gedrückt wird, desto schneller wird man. Zur Mitte hin wird man langsamer, in der Mitte selbst ist der Leerlauf. Nach hinten gezogen, läuft die Maschine rückwärts. Auch hier gilt: Je weiter nach unten der Hebel gezogen wird, desto schneller läuft der Motor!

Ein kleiner Schub mit der Steuerbord-Maschine lässt das Boot nach Backbord drehen.

Beide Maschinen voraus lassen das Boot geradeaus laufen.

Ein Schub mit der Backbordmaschine führt zu einer Drehung nach Steuerbord.

IN KÜSTENNÄHE muss ein Steuermann eine Menge Dinge beachten. Bist du ZU LANGSAM, kannst du nicht mehr vernünftig manövrieren – und wenn du noch dazu ein hoch aus dem Wasser ragendes Schiff hast, bietest du eine gute Angriffsfläche für den Wind, der dich davontreibt. Aber wenn du ZU SCHNELL bist, ist es auch nicht gut: Du verursachst zu viel Unruhe und Wellen. Also: Fahre so schnell wie nötig, aber so langsam wie möglich!

Hey, das ist ja einfach!

Denk daran, dass dein Boot Wellen verursacht – speziell Schwimmern oder kleinen Booten können sie zu schaffen machen!

Häfen und Flüsse haben meist eine Geschwindigkeitsbegrenzung. Manchmal sind sie wie hier mit Bojen gekennzeichnet.

Pass besonders auf Schwimmer auf, ebenso wie auf Taucher oder Yachten, die vor Anker liegen! Segler brauchen mehr Raum zum Manövrieren, also halte immer genug Abstand!

Ach so, du brauchst also mehr Taschengeld, um deine Bußgelder wegen zu schnellen Fahrens zu bezahlen?

Achte immer auf Muringtonnen – ihre Leinen können sich um den Propeller wickeln und so deinen Motor kaputtmachen.

Hahahaha!

DRAUSSEN AUF SEE. Nur weil du einen starken Motor hast, solltest du nicht den Wind ignorieren! Wind verursacht große Wellen, die das Steuern erschweren, speziell bei einem leichten Gleiter. Stimme deine Geschwindigkeit immer auf die Gegebenheiten der Natur ab.

Wasser ist nicht nur nass, sondern richtiggehend schwer, fast hart, wenn du es zu schnell triffst.

KLATSCH!

Ja, ich hab ihn!

Ich will als Nächstes!

Wenn du auf große Wellen triffst, reduziere die Geschwindigkeit so weit, dass du nicht in sie reinknallst. Das stoppt dich nicht nur auf, sondern schädigt auch dein Boot. Wenn die Wellen direkt von vorn kommen, steuere am besten einen Zickzackkurs – das geht leichter und bekommt dem Boot besser.

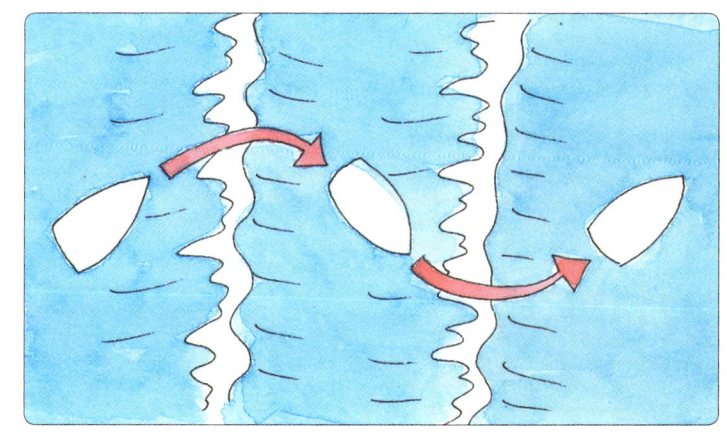

Mit Wind und Welle von hinten fahren macht bei wenig Wind Spaß – bei viel Wind muss sehr genau aufgepasst werden. Auf keinen Fall darfst du zu schnell werden, damit du dich beim Runterfahren der Welle nicht überschlägst.

Egal ob unter Segel oder unter Motor: Bedenke immer, dass Schiffe keine Bremse haben! Ein schnelles Motorboot kann gut 30 Knoten laufen (das sind fast 60 Kilometer pro Stunde!) – da muss man vorausschauend steuern (besonders wenn man sonst ein Segelboot gewohnt ist, das im Normalfall 5 Knoten läuft!).

AUF
SEE

AUFGABEN DER CREW

- Konzentriert Ausguck gehen

- Kollisionen (Zusammenstöße) vermeiden helfen

- Beim Navigieren helfen

- Logbuch führen

- Wach sein, wenn sie Wache hat

- Auf die Sicherheit achten

AUSGUCK. Es klingt so einfach und ist doch das Wichtigste überhaupt: Ein Steuermann muss immer rundherum Ausschau halten, um Hindernissen jeder Art rechtzeitig ausweichen zu können. Auch auf See gibt es Regeln, die jeder beachten muss. International gelten die Kollisionsverhütungsregeln. Eine gute Crew sollte die wichtigsten Punkte unbedingt kennen:

> Die wichtigste Regel ist diese:
>
> *Jedes Fahrzeug muss jederzeit durch Sehen und Hören sowie durch jedes andere verfügbare Mittel ... gehörigen Ausguck halten, der einen vollständigen Überblick über die Lage und die Möglichkeit der Gefahr eines Zusammenstoßes gibt.*
>
> Denke immer wie ein Seemann: Sei wachsam und achtsam!

Ausguck halten klingt einfach, kann aber speziell bei schlechtem Wetter richtig schwer sein. Wenn dein Boot eine Sprayhood hat, musst du dir etwas einfallen lassen, um darüber hinweg- oder daran vorbeisehen zu können.

Ausguck halten meint auch, ab und zu einen Blick nach hinten zu werfen!

Super! Wir haben das ganze Meer nur für uns alleine!

Es sind nicht nur andere Boote, nach denen du Ausschau halten musst, sondern auch beispielsweise Fischerfähnchen, die die Lage von Netzen anzeigen. Netze können durch dein Boot beschädigt werden, können sich aber auch um deinen Propeller wickeln und somit dein Boot beschädigen!

Denk dran: Jedes Boot hat seinen »blinden Fleck«, also Stellen, wo die Crew andere Wassersportler einfach nicht sehen kann!

Große Segel verdecken große Teile der Aussicht.

Wie schön, dass wir das Meer heute ganz für uns haben!

Wenn du ein Motorboot vom Deckshaus aus steuerst, hast du blinde Flecken an den Seiten und direkt vor dem Bug!

Ein anderes Schiff auf dem Meer zu sehen ist eine Sache, eine andere, ihm korrekt auszuweichen.

Zuerst musst du feststellen, ob du auf Kollisionskurs bist. Wenn du glaubst, es könnte zu einem Zusammenstoß kommen, und weißt so schnell nicht, wie du zu reagieren hast: Frage deinen Skipper – rechtzeitig!

Wie kannst du feststellen, ob du auf Kollisionskurs bist? Suche dir einen Bezugspunkt auf deinem Boot, zum Beispiel eine Relingsstütze. ...

Wenn das andere Boot auf Kollisionskurs ist, wird es immer auf der gleichen Position zur Relingsstütze bleiben – und langsam größer werden.

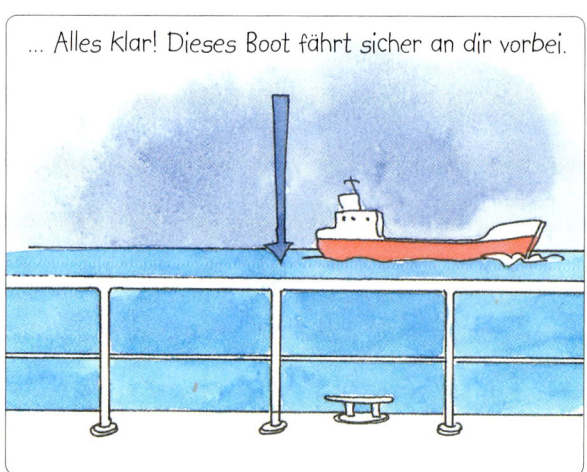

... Alles klar! Dieses Boot fährt sicher an dir vorbei.

Das funktioniert nur, wenn du dich während des Peilens nicht von der Stelle bewegst! Wenn die Peilung wandert (also das andere Schiff seine Position im Verhältnis zu deiner Markierung ändert), ist alles okay.

Was tun, wenn du auf Kollisionskurs bist? Unter Segeln gibt es zwei wichtige Regeln:

BACKBORDBUG

STEUERBORDBUG

BACKBORDBUG GEHT VOR STEUERBORDBUG! Ein Boot mit seinem Großsegel auf Steuerbord muss einem auf Backbordbug segelnden Boot ausweichen.

Was aber, wenn beide Boote auf dem gleichen Bug segeln? Dann gilt LEE VOR LUV!

Dem Wind mehr zugewandtes Boot – muss ausweichen.

Diese Regeln betreffen Schiffe unter Motor ...

MOTORBOOTE müssen SEGELBOOTEN AUSWEICHEN!
(Achtung: Auch *Segelboote, die die Maschine mitlaufen
lassen,* gelten als *Motorboote!)*

AUSNAHMEN:

Große Schiffe sind nicht besonders wendig und zudem an tiefe
Wasserrinnen gebunden. Hier ist es besser, wenn das Segelboot
rechtzeitig und deutlich ausweicht.

Wenn zwei Motorboote nebeneinander fahren, muss das
Boot an Backbord ausweichen.

Dieses Boot sieht das andere an Steuerbord, also muss
es ausweichen oder die Geschwindigkeit drosseln.

Wenn zwei Boote unter Motor aufeinander zulaufen,
müssen BEIDE BOOTE jeweils nach rechts ausweichen
(wobei du dich in einem Kanal oder Fluss sowieso
immer auf der rechten Seite halten solltest).

EIN ÜBERHOLER muss den überholten Booten genug Raum lassen –
auch wenn ein *Segelboot* ein *Motorboot* überholt!

Noch mehr Regeln ...

Manche Boote zeigen Flaggen
oder Ähnliches (in der Nacht sind
es bestimmte Lichter) – meist
hast du ihnen dann auszuweichen
(mehr dazu auf den folgenden
Seiten).

Hier die wichtigsten:

Ein Boot vor Anker setzt am
Vorschiff einen BALL.

Fahr nicht zu dicht an einem
fischenden Boot vorbei, das eine
SANDUHR gesetzt hat – sein
Netz kann weit nach hinten
auslaufen!

Ein RHOMBUS zeigt einen
Schleppverband – versuch bloß
nicht, zwischen beiden Schiffen
hindurchzufahren!

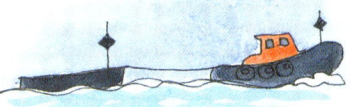

Diese blau-weiße
Flagge zeigt, dass hier
TAUCHER unter Wasser
sind.

WOHER WEISST DU, WO DU BIST? Der Navigator hat einen extrem wichtigen Job auf einem Boot. Er findet den richtigen Weg, damit du sicher von einem Hafen zum nächsten kommst. Dafür muss er die Karte lesen können und die Zeichen darauf verstehen.

Die Großansicht eines Hafens zeigt, von wo man ihn anlaufen muss und wie er aufgeteilt ist. Größere Häfen haben zum Teil beleuchtete Tonnen in der Einfahrt liegen. Manche Häfen sollten vor Ankunft per Funk angerufen werden, damit geklärt wird, ob überhaupt noch ein Platz frei ist oder ob sie gerade gefahrenfrei angelaufen werden können.

Auf den Seekarten werden nur wenige Dinge gezeigt, die an Land stehen – doch das, was eingezeichnet ist, ist für den Seemann durchaus wichtig. Es sind markante Punkte (sogenannte Landmarken) wie Kirchtürme, Schornsteine oder Leuchttürme beispielsweise.

✠ Dieses Symbol bedeutet Kirche

✯ Dieses bedeutet Leuchtfeuer (Leuchtturm)

Schau dir mal eine Seekarte genau an und versuch, möglichst viel zu entdecken! Die »Auflösung« aller Zeichen finden sich übrigens auf der Karte »INT 1«.

So sieht eine Backbordtonne auf einer Karte aus …

Dies ist ein Kardinalzeichen, eine Untiefentonne, die westlich der Untiefe steht. Weißt du, wie die anderen Untiefentonnen aussehen?

WIE TIEF IST DAS WASSER? Die Tiefenangaben sind zumeist in Metern angegeben und finden sich als Zahlen im gemalten Wasser. 4_2 bedeutet also eine Tiefe von 4 Meter und 20 Zentimetern. Die Linien zeigen eine Tiefenlinie an. Die Linie im Bild um die kleine Insel mit der 2 bedeutet, dass es dort überall 2 Meter tief ist. In Tidengewässern beziehen sich die Tiefenangaben auf »Normalnull«, das niedrigste Niedrigwasser. 4_1 bedeutet, dass eigentlich immer (also auch bei Ebbe) mindestens 4,1 Meter Wassertiefe herrschen. Tiefenangaben, die unterstrichen sind, bedeuten, dass sie über Normalnull liegen, bei Niedrigwasser also aus dem Wasser gucken, bei Flut hingegen durchaus mit Wasser bedeckt sein können.

Er kennt den Weg doch – fahr hinterher!

Ha Haha!

Jedes Boot ragt mehr (mit Kiel) oder weniger (Motorboot) tief ins Wasser – man spricht vom »Tiefgang«. Um dich korrekt zu verhalten, musst du wissen, wie viel Tiefgang dein Boot hat. Segelyachten haben meist mehr Tiefgang (durch den Kiel) als Motorboote.

Ein ECHOLOT zeigt an, wie viel Wasser sich unter dem Rumpf (oder Kiel, je nachdem, wie es eingestellt ist!) befindet. Wenn du in Küstennähe bist, solltest du immer ein Auge auf das Echolot haben.

23.5 METRES

TONNEN sind sehr wichtige Hilfsmittel auf See. Sie zeigen dir, wo eine sichere, tiefe Rinne verläuft oder wo du aufpassen musst. Jede Tonne hat eine spezielle Bezeichnung – wenn du sie erkennst, weißt du im Abgleich mit der Karte auch genau, wo du gerade bist! Um ein Erkennen auch von Weitem zu ermöglichen, haben die Tonnen unterschiedliche Farben und Formen. Dies sind die wichtigsten:

Kardinalzeichen / UNTIEFENTONNEN. Sie sind immer schwarz und gelb und warnen vor Hindernissen im Wasser, beispielsweise einem Riff, einer Untiefe oder einem Wrack.

NORDKARDINAL (steht nördlich der Gefahrenstelle, beide Spitzen weisen nach oben).

OSTKARDINAL (steht östlich der Gefahrenstelle, die Spitzen bilden ein »O«).

WESTKARDINAL (westlich der Gefahrenstelle – beide Spitzen weisen zueinander).

SÜDKARDINAL (südlich der Gefahrenstelle – beide Spitzen weisen nach unten).

LATERALZEICHEN zeigen das Fahrwasser an. Von See kommend in den Hafen einlaufend, liegen GRÜNE TONNEN an STEUERBORD; ROTE TONNEN an BACKBORD. Auf großen Gewässerstraßen (beispielsweise der Elbe) solltest du dich möglichst außerhalb des Fahrwassers bewegen, um die Berufsschifffahrt nicht zu behindern.

... so sieht eine Steuerbordtonne in der Karte aus.

Vergewissere dich immer wieder, dass die Tonne, die du siehst, mit der übereinstimmt, die du anhand der Karte zu sehen glaubst!

Das ist die Tonne West-Stein. Ich sagte doch, ich weiß, wo wir sind!

Die KOMPASSROSE hilft dem Navigator, am Kompass die richtige Richtung zu bestimmen. Mit ihrer Hilfe kannst du sehen, inwieweit dein magnetischer Kompass vom KartenKompass abweicht. In diesem Fall würde dein Kompass Nord anzeigen, tatsächlich würdest du aber nicht Kurs 0° (oder 360°) fahren, sondern 350°!

Die Linien außen an der Karten zeigen die LÄNGENGRADE und die BREITENGRADE an. Diese Hilfslinien (die es natürlich nicht auf dem Wasser gibt) helfen dem Navigator, seine Position genau zu bestimmen. Auch bei der Messung von Entfernungen helfen sie. Um eine Distanz zu bestimmen, muss man die Breitengrade, die am linken und rechten Kartenrand aufgezeichnet sind, ablesen. Ein Breitengrad ist aufgeteilt in 60 Minuten, und jede Breitenminute entspricht einer Seemeile.

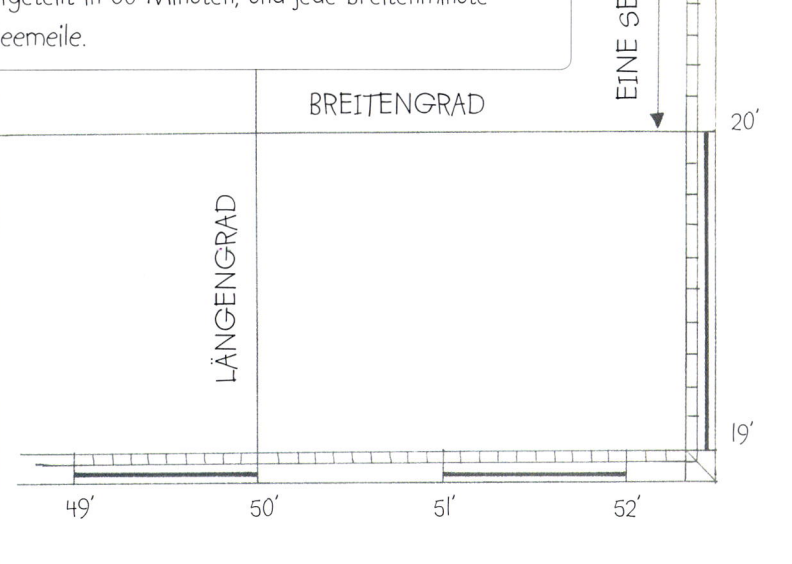

Was, wenn nur Wasser um dich herum zu sehen ist? Heutzutage gibt es viele Tricks, um trotzdem zu wissen, wo man ist. Eines der hilfreichsten Instrumente ist das GPS, das die Position mittels über der Erde kreisender Satelliten berechnet. Alles, was du tun musst, ist die Position regelmäßig ins Logbuch zu übertragen ...

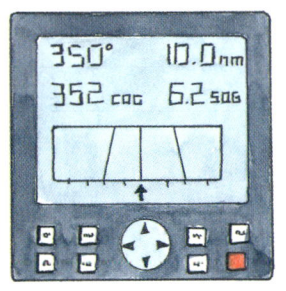

Am GPS wird die Position in Längen- und Breitengraden angegeben. Das sieht dann so aus.

Was bedeuten die Zahlen? Dieses Boot befindet sich 51 Grad 55,3 Minuten (geschrieben auch 55,3' oder 55'3'') nördlich des Äquators und 1 Grad 18 Minuten östlich vom Greenwich-Breitengrad (der »Null«-Längengrad, auch Greenwich-Meridian genannt). Der Breitengrad wird immer zuerst angegeben, dann der Längengrad. Wenn dich Navigation interessiert, solltest du versuchen, diese Daten auf der Karte wiederzufinden.

Ein GPS kann sogar angeben, welchen Kurs du steuern sollst und wie weit es noch bis zum nächsten Wegpunkt ist (Wegpunkte können alles Mögliche sein, eine Tonne beispielsweise, und werden vom Navigator einprogrammiert).

Ein tolles Gerät – dennoch solltest du dich nicht blind und ausschließlich darauf verlassen!

Irgendwo hier müssten wir eigentlich sein ...

Bis vor wenigen Jahren war das GPS noch ungebräuchlich. Seefahrer verließen sich auf Karten – auch du solltest wissen, wie du mit ihrer Hilfe navigierst!

Ebenfalls wichtig für den Navigator ist das LOGBUCH. Normalerweise sollte alle zwei Stunden alles Wesentliche wie Uhrzeit, Wetter, Kurs und Position eingetragen werden. Sollte das GPS mal ausfallen, kann anhand des Logbuchs auch auf hoher See festgestellt werden, wo man sich in etwa befindet.

Vermutlich wirst du nicht alle Spalten ausfüllen müssen, dein Skipper wird dir sagen, worauf es ihm ankommt!

In Küstennähe werden Landmarken angegeben, auf See Längen- und Breitengrade.

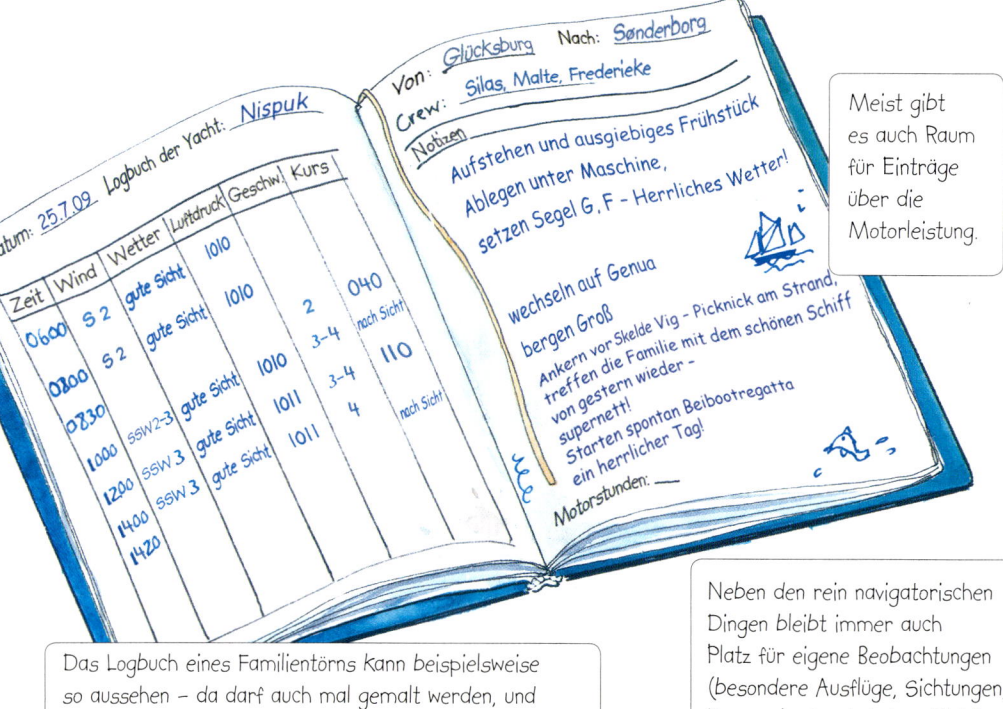

Meist gibt es auch Raum für Einträge über die Motorleistung.

Logbücher gibt es in vielen Varianten zu kaufen, du kannst aber mittels Notizbuch und Lineal auch selbst eins machen.

Jeder aus der Crew kann sein eigenes Logbuch führen (auch als Tagebuch), doch für das Schiff (und die Schiffsführung) gibt es nur EIN Buch.

Das Logbuch eines Familientörns kann beispielsweise so aussehen – da darf auch mal gemalt werden, und ein Kaffeefleck ist nicht allzu schlimm. Wichtig ist aber, dass es regelmäßig geführt wird und alles zu lesen ist (Kugelschreiber oder Bleistift benutzen!).

Neben den rein navigatorischen Dingen bleibt immer auch Platz für eigene Beobachtungen (besondere Ausflüge, Sichtungen, Essen ...). So wird das offizielle Logbuch auch zu einer Art Tagebuch über einen Törn.

Motoryachten kommen im Normalfall viel schneller voran als Segelboote. Ein Törn, der unter Segeln viele Tage dauert, kann mit einem schnellen Motorboot auch an einem Tag bewältigt werden. Bei so großer Geschwindigkeit ist die Navigation noch wichtiger – und sollte bereits im Vorfeld des Törns erledigt werden!

Ein KARTENPLOTTER ist eine ELEKTRONISCHE SEEKARTE, die mit einem GPS verbunden ist. So wird deine Position immer am Bildschirm angezeigt, und du kannst nach Belieben den Ausschnitt heranzoomen. Ziemlich nützlich, wenn man schnell unterwegs ist, weil alle Informationen stets abrufbereit sind!

Dennoch sollte auch auf einer Motoryacht immer das Logbuch geführt werden und die Position zusätzlich auf Papierseekarten eingetragen werden.

Sowohl für Motorboote als auch für Segelyachten gibt es SELBSTSTEUERANLAGEN, sodass man nicht permanent Pinne oder Ruderrad in der Hand halten muss.

Manche dieser Anlagen sind mit dem GPS und dem Kartenplotter verbunden, dennoch sollte man immer einen Blick auf die Realität werfen – und der Steuermann achtsam Ausguck nach anderen Schiffen oder Hindernissen gehen.

Elektronische Instrumente sind immer nur so gut wie die Menschen, die sie bedienen!

Je schneller das Boot, desto gründlicher die Vorplanung. Solltest du unsicher sein, wo du bist (oder welche Tonne vor dir liegt), geh mit der Geschwindigkeit herunter oder stoppe, bis du wieder weiterweißt. Am besten ist es, wenn ein Crewmitglied ständig Ausguck geht!

War hier nicht irgendwo eine Sandbank, nach der wir schauen sollten?

Bei einem längeren Törn wird ein WACHSYSTEM eingeführt, sodass sich jeder mal ausruhen kann. Zu festen Zeiten hat jeder verschiedene Dienste (Wache, Backschaft, Bereitschaft) zu erfüllen oder hat Freiwache, damit er sich erholen, aufwärmen oder schlafen kann.

Eine Wache kann 2, 3 oder 4 Stunden dauern, je nachdem, wie viele Menschen an Bord sind und wie der Skipper sie einteilt.

Schlauerweise sollte man das Bordklo aufsuchen, bevor man sich komplett anzieht, ...

Denk daran, dass du zu Beginn deiner Wache komplett fertig sein musst – warm angezogen und evtl. im Ölzeug. Bei Ende deiner Wache möchtest du vermutlich auch einfach schnell unter Deck und schlafen und nicht noch lange warten!

Aber was macht man denn nun eigentlich auf Wache? Ein erfahrenes Crewmitglied ist Wachführer und trägt die Verantwortung. Er oder sie teilt ein, wer wann Pinne oder Ruder übernimmt, achtet darauf, dass regelmäßig das Logbuch geschrieben wird, überprüft Navigation, Kurs und Geschwindigkeit, trimmt die Segel, sorgt für warme Getränke – ist eben besonders aufmerksam und auf Wache.

Dennoch: Bei jeglicher Unsicherheit ist immer der Skipper anzusprechen – notfalls auch zu wecken!

NACHTSEGELN

Sobald du länger als einen Tag unterwegs bist, wirst du durch die Nacht segeln – ein herrliches, wenngleich vielleicht anfangs unsicheres Gefühl!

Wie kann nachts sicher Ausguck gegangen werden?

Am Tag ist alles klar zu sehen ...

Ich weiß, dass die Kappen noch auf den Linsen sind – ich übe nur schon mal das Ausguckgehen bei Nacht!

... aber nachts verwandelt sich die Küste oder auch die See in verwirrend viele Lichter. Manchmal weiß man dann gar nicht, was Schiff ist, was Land und was eine Tonne – da hilft nur, einen erfahrenen Mitsegler zu fragen.

Zunächst mal kümmern wir uns um die Lichter, die sich nicht bewegen – Leuchtfeuer und Tonnen. Jedes Licht hat eine bestimmte Art zu blinken – wenn du das Muster erkennst, kannst du die Tonne anhand der Karte identifizieren.

Kardinalzeichen sind besonders einfach zu erkennen. Du musst dir nur eine Uhr vorstellen, schon wirst du dich an ihre Kennung erinnern.

Steuerbordtonnen leuchten grün, Backbordtonnen rot.

Nordkardinal – 12 ist ein bisschen viel zu zählen, deshalb leuchten sie ununterbrochen.

Ostkardinal – 3 Uhr – 3 Blitze

Westkardinal – 9 Uhr – 9 Blitze

Südkardinal – 6 Uhr – 6 Blitze

Wie sehen die Kennungen in der Karte aus? Jede Tonne, die nachts leuchtet, hat einen lilafarbenen Kegel auf der Karte. Dazu die Kennung (Blinks/ Blitze pro Zeit) und die Farbe.

Fl.G(3)10s

Diese grüne Tonne gibt 3 grüne Blitze alle 10 Sekunden. Schau dir mal eine Karte genau an und versuche herauszufinden, was die Zeichen bedeuten (lass dir anfangs helfen!).

Woher weißt du, dass du die richtige Tonne gesichtet hast? Am besten, indem du ihre Blitze (die »Kennung«) mit einer Stoppuhr stoppst – und zwar vom Eintritt einer bestimmten Kennung bis zum Wiedereintritt der nächsten gleichen Kennung. Weil man nicht immer eine Stoppuhr dabeihat, geht auch langsames Zählen (Beginn bei Erscheinen des ersten Lichts, zählen bis die gleiche Kennung wiederkommt). »Einundzwanzig, zweiundzwanzig ...«, bis du das ausgesprochen hast, sind etwa 2 Sekunden vergangen.

An Deck gewöhnen sich die Augen schnell an die Dunkelheit. Vermeide es, zwischendurch in Licht zu schauen (unter Deck sollten die Lichter möglichst gedimmt werden), damit du den Nacht-Durchblick nicht verlierst! Am besten ist gedimmtes oder rotes Licht über dem Kartentisch.

Drei Blitze ... können auch vier sein ... oder waren es fünf?

Wenn du nachts ein Licht siehst, das sich *bewegt*, so gehört es zu einem anderen Schiff. Anhand der Lichter kannst du erkennen, was für ein Schiff es ist und auch, in welche Richtung es fährt. Dann weißt du auch, *ob* du den Kurs ändern musst oder nicht. Es gibt viele verschiedene Lichter, zumindest die wichtigsten solltest du kennen. Bei der kleinsten Unsicherheit: Frag deinen Skipper!

Dies sind die einfachsten und häufigsten Lichter fremder Schiffe – an Bord findest du sicher ein Buch oder eine Tafel, wo alle anderen Möglichkeiten aufgemalt sind!

Kleines Segelboot, Steuerbordseite (grün) oder Backbordseite (rot). Das Licht kann oben im Mast oder vorne am Bug sein.

Motorboot, Steuerbordseite (grün) und Backbordseite (rot). Weißes Topplicht.

Segelboot unter Maschine: sieht aus wie ein Motorboot. Zusätzlich zu den grünen und roten Positionslichtern ist ein weißes Topplicht gesetzt.

Von hinten sehen Segelyacht und Motorboot gleich aus: Sie zeigen das weiße Hecklicht.

Kommt ein Boot direkt auf dich zu, siehst du sowohl beide Positionslichter an den Seiten (rot und grün) als auch ein weißes Licht (bei Motorbooten).

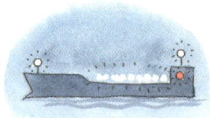

Große Schiffe haben zusätzlich ein zweites weißes Licht am Bug, damit du abschätzen kannst, wie groß es ist.

Kleine Boote am Anker zeigen ein weißes Rundumlicht, große Boote haben zwei weiße Ankerlichter.

In der Nacht solltest du dich immer mit einem Lifebelt sichern (auch bei wenig Wind!). Pick dich ein, bevor du an Deck gehst!

Bleib sicher eingepickt, bleib warm, bleib wach! Das sind die wichtigsten Aufgaben, wenn du nachts auf Wache bist. Gerade an der Pinne kann es sehr schnell sehr kalt werden – zieh dir lieber immer eine winddichte Jacke an; eine zusätzliche Hose schadet ebenfalls nie. Bewege regelmäßig Arme und Beine, um dich warm zu halten – das hält zugleich wach.

SICHERHEIT AUF SEE. Wenn du erst mal ein paar Tage auf See warst, wirst du wie selbstverständlich deine Schwimmweste tragen, dich bei Seegang oder nachts einpicken und dich auch auf dem schlingernden Boot sicher bewegen. Gerade zu Beginn eines Törns solltest du jedoch immer über ein paar Dinge nachdenken:

Wenn du dich mit deinem Lifebelt einpickst, tu das nur an absolut sicheren Stellen – der Skipper zeigt dir, wo!

GANZ SCHLECHTE IDEE

Strecktau

SUPER IDEE!

Wann benutzt man einen Lifebelt?

Immer nachts! Tagsüber nur bei schlechtem Wetter, viel Wind oder wenn's dir schlecht geht. Denk dran: Das Wort des Skippers ist Gesetz!

Im Cockpit sitzt man relativ geschützt, doch sobald du über Deck musst, solltest du dich bei unruhiger See einpicken. Auf manchen Schiffen gibt es extra gespannte Strecktaue, sodass du dich zwischendurch nicht umpicken musst.

Wenn du bei unruhigem Seegang aufs Vorschiff sollst, knie dich hin, um dein Gewicht möglichst tief zu halten und benutze die Handläufe zum Festhalten – dafür sind sie nämlich da!

Manche Plätze sind bei schönem Wetter unschlagbar schön – bei schlechtem Wetter hingegen sind sie unschlagbar gefährlich!

STOPP MAL!
Weißt du aus dem Kopf, wo du dich überall festhalten kannst auf deinem Boot? Wenn nicht, lies noch mal die Seite 16!

Manchmal braucht man einfach zwei Hände an Deck, sodass man sich entgegen der Regel »eine Hand für dich, eine fürs Schiff« nicht festhalten kann (beispielsweise bei Segelmanövern oder beim Festhalten des Fernglases).

Such dir einen sicheren Standplatz und hake dich mit dem Arm darum – versuch's mal am Mast oder an Wanten und Stagen.

Unter Deck. Klar, du kannst kaum über Bord fallen, wenn du unter Deck bist, aber wehtun kannst du dir trotzdem ...

SICHERHEIT IN DER KOMBÜSE

Sei beim Bereiten von heißen Getränken besonders vorsichtig und fülle die Becher nur halb voll.

Wenn das Schiff schaukelt oder krängt: Stell die Becher beim Einfüllen des heißen Wassers in die Spüle.

Sieh nach, dass der Herd oder Ofen immer richtig ausgedreht ist, wenn du mit dem Kochen fertig bist!

Essen kann bei Seegang schwer zuzubereiten sein (und manchmal auch schwer zu essen!). Anti-Rutschmatten (sogenannte Elefantenhaut) können helfen – bis zu einem gewissen Punkt jedenfalls ...

Pack immer alles sicher weg, was du nicht brauchst – andernfalls wird es runterfallen. Besonders mit spitzen Gegenständen muss aufgepasst werden.

Bevor du dich in deine Koje verziehst: Liegst du sicher, auch wenn das Schiff sich bewegt?

Ein LEESEGEL wie dieses hält dich in deiner Koje, egal welcher Kurs gesegelt wird.

Motoryachten haben größere Kajüten als Segelboote, auch steht der Steuermann sicherer und wärmer, außerdem muss er nicht ständig an Deck gehen wie auf einem Segelboot. Aber deshalb sollten trotzdem einige Dinge nicht vernachlässigt werden – denn Motoryachten bedürfen aus anderen Gründen deiner Aufmerksamkeit: Sie haben POWER, und sie sind schnell ... SEHR SCHNELL!

Bei hoher Geschwindigkeit sind die Seiten-decks und das Vordeck verbotenes Gebiet!

Besonders gefährlich ist es, wenn ein Motorboot beschleunigt. Der Skipper wird natürlich eine Warnung aussprechen – und du solltest dich daran halten: Setz dich hin und halte dich gut fest!

Ich sagte: »Halt dich fest, ich werde beschleunigen!«

Wenn du dich mit einem Lifebelt einpickst, such dir einen sicheren Punkt. Wenn möglich nicht zu dicht am Heck, sodass du, sollte etwas passieren, »nur« ins Wasser fällst und nicht in die sich drehenden Propeller gerätst!

Die Stufen hoch zur Flybridge können tückisch sein – besonders bei Seegang oder wenn es nass ist. Halte dich gut fest und steige sie wie ein echter See-mann hinab: rückwärts!

Auf schnell dahinschießenden Booten kann es schwierig sein, ein ver-nünftiges Essen zuzubereiten. Manchmal muss man bis zum nächsten Hafen warten. Es sei denn, du hast vorgesorgt ...

Hmmm ... Käse und Gurken oder Schinken und Tomaten?

Wie im Leben gibt es auch auf großer Fahrt Momente, wo nicht alles so läuft, wie es sollte. Damit dich Seekrankheit, Angst oder ein nerviger Skipper nicht zu sehr stressen, schau dir einfach mal die folgenden Seiten an!

VORBEREITUNG BEI SCHLECHTWETTER. Der Wetterbericht warnt rechtzeitig vor schlechtem Wetter und stürmischem Wind (jedenfalls meistens ...), sodass genug Zeit bleibt, sich und das Boot darauf vorzubereiten – wenn man nicht im sicheren Hafen liegt. Eine schnelle Motoryacht wird es fast immer schaffen, vor dem Schlimmsten den nächsten Hafen anzulaufen, eine Segelyacht, die auf Törn ist, eher nicht. Dann greifen folgende Maßnahmen:

Eine gut ausgeruhte, warme und satte Crew wird jedem Wetter sehr viel besser standhalten als eine ausgekühlte, hungrige und müde Meute. Schlau ist es, genug Essen vorzubereiten und auch ein paar Leckereien herauszusuchen, bevor der Sturm losweht – dann könnte es zu schwierig oder gar unmöglich werden.

> Paps, möchtest du auch Honig zu deinem Schinkenbrot oder nur Senf?

Schlechtes Wetter kann eure Pläne heftig durchkreuzen – auch was das Reiseziel angeht. Manchmal ist es sinnvoller, einen Sturm draußen auf See abzuwettern, statt einen (unsicheren) Hafen anzulaufen. Dein Skipper wird die für Mannschaft und Boot sicherste Entscheidung treffen.

> Okay, du kannst die Augen wieder öffnen, wir sind drin!

Selbst unmittelbar vor einem Hafen kann ein Einlaufen unmöglich sein. Am sichersten ist es dann, die Küste in Luv zu haben, damit man nicht darauf zugetrieben werden kann.

Wenn der Wind zunimmt, wird zunächst einmal gerefft, also die Segelfläche verkleinert. Damit sind die Segel besser zu handhaben und die Gefahr, dass etwas kaputtgeht, sinkt. Wenn du beim Reffen an die Pinne oder das Ruder sollst, versuche, den Bug genau im Wind zu halten – das erleichtert die Arbeit am Segel enorm.

Ganz wichtig: Bei Schlechtwetter IMMER Rettungsweste und Lifebelt tragen!

> Ja, ich weiß, dass Ellen MacArthur sehr viel höhere Wellen auf ihrem Rekordtrip um die Welt hatte, aber nein, das beruhigt mich überhaupt nicht!

Manchmal kann die Situation unter Deck viel schlimmer sein als draußen, zum Beispiel weil lose Dinge umherfallen, die Bewegungen des Bootes unvorhersehbar sind und das Schlagen in den Wellen unfassbar laut.

Wenn du rauskannst, zieh dich warm und winddicht an (Ölzeug), und dann schau, wie sich das Boot bewegt. All das Geschaukel ist weniger schlimm, wenn man weiß (oder anhand der Wellen vorhersehen kann), woher es kommt! Boote sind extra dafür gebaut, Wind und Wellen auszuhalten!

SKIPPER IM STRESS UND ANDERE ANSTRENGENDE SITUATIONEN. Wenn ein Törn schwierig wird, muss der Skipper zunächst an das Boot denken – wenn du dann nicht beachtet oder weggeschickt wirst, dann ist das nur, weil andere Dinge gerade extrem wichtig sind. Vermutlich ist keine Zeit, dir erst alles genau zu erläutern oder »Bitte« zu sagen – aber spätestens hinterher sollte dir alles in Ruhe erklärt werden!

Mama! Komm mal, ich langweile mich so!

Werde nicht ungeduldig oder maulig, nur weil dir gerade jemand keine Beachtung schenkt – es bedeutet nur, dass das Boot gerade dringender jegliche Aufmerksamkeit braucht.

Klar gebe ich dir den Schrauben-schlüssel ... wenn du »Bitte« sagst!

!©!*!*

Seekrankheit ist wirklich fies – aber man kann lernen, damit umzugehen. Wenn es an Deck zu unruhig ist, geh in eine Koje (am besten eine, die sich möglichst wenig bewegt, also mittschiffs) und leg dich hin. Meist braucht es nur ein paar Tage, bis sich dein Körper an das ewige Schaukeln gewöhnt hat, die Seebeine wieder gewachsen sind und die Seekrankheit vergessen ist!

Und wenn du etwas mehr Erfahrung hast, wirst DU mit da draußen sein und eine große Hilfe im Kampf gegen den Sturm!

Knäckebrot oder Zwieback knabbern hilft.

Immer wieder kleine Schlucke Wasser trinken.

Pass auf, dass alles gut verstaut ist (um dich herum und in deinem Magen) – dann wird auch nichts unkontrolliert herausfliegen!

Lass sehen ... nach der Westtonne nach Steuerbord drehen, bis du Leuchtturm und Antenne auf dem Hügel in einer Linie hast. Dann Tonne Nummer 3 an Steuerbord lassen und die Strömung von Backbord beachten ...

Meist ist es ja gar nicht das schlechte Wetter oder der Umstand, dass etwas kaputtgeht, was den Skipper stresst. Oft ist es auch eine knifflige Ansteuerung. Aber gerade hier kannst du helfen: indem du nach Tonnen Ausschau hältst, Landmarken suchst oder die Ansteuerungstipps aus dem Hafenhandbuch laut vorliest. Auch das laute Ablesen des Echolots kann helfen oder das Aufklaren der Kajüte, das Vorbereiten der Landleinen ... und tausend Dinge mehr!

Natürlich ist es auf See nicht immer dramatisch und nervig, sondern meistens wunderschön, spannend und aufregend. Gerade auf sehr langen Seestrecken kann es sogar richtig langweilig werden – wenn man sich nicht darauf vorbereitet hat. Hier ein paar Tipps von erprobten Langfahrt-Kids!

Ich sehe was, was du nicht siehst, und das beginnt mit »M« ...

Gesellschaftsspiele mitnehmen!
Besonders solche, die nicht allzu viele Kleinteile haben (die gehen gerne in der Bilge verloren). Auch Kartenspiele sind klasse, weil man sich damit auch allein beschäftigen kann – Kartentricks lernen und später vorführen zum Beispiel!

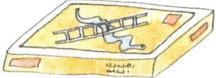

Rätselbücher, Sudokus oder Labyrinthe sind prima! Es gibt sie in dicken Büchern für jedes Alter – denk an genügend Bleistifte (Radiergummi brauchst du wohl nicht ...?).

Musik oder Geschichten hören – ein MP3- oder tragbarer CD-Player nimmt nicht viel Platz weg. Denk aber an genug Batterien ...

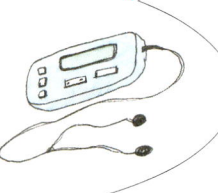

Ein simpler Zeichenblock, ein paar gute Stifte – und schon hat Langeweile keine Chance. Ein ganz eigenes, gemalt-geschriebenes Reisetagebuch wird dir immer als Erinnerung dienen.

Kurze Tauenden sind klasse, um Knoten zu üben (und den Skipper zu verblüffen, was du schon alles kannst!). In Kapitel 8 findest du jede Menge Zierknoten – wetten, dass dein Skipper die nicht kann?

Bücher, Bücher, Bücher.
In der Koje oder an Deck – lesen kann man fast überall. Nicht nur irgendwelche Geschichten, auch Törnführer sind spannend, weil man gleich weiß, wo man im nächsten Hafen landet und was es dort zu entdecken gibt!

Sind wir gleich da?

SEE-
SINN

Zum Leben auf See gehört mehr, als nur das Boot zu lenken. Ein guter Seemann weiß auch über das Wetter, Gezeiten, Knoten und Seemannschaft allgemein Bescheid. Und darüber, wie er die See als Lebensraum schützen kann.

AUFGABEN DER CREW

- Den Wetterbericht verstehen

- Den Tidenkalender lesen können (zumindest wenn in Tidengewässern gesegelt wird)

- Knoten knüpfen können

- Die wichtigsten Flaggensignale kennen

- Auf die Umwelt achten

EIN BISSCHEN WETTER ... Selbst die bräsigste Landratte weiß, dass das Wetter für einen Seemann unheimlich wichtig ist. Wenn also gerade der Wetterbericht von deinem Skipper oder Navigator abgehört wird – tu alles, aber stör ihn oder sie nicht dabei! Der Wetterbericht gibt den Ausschlag für die Tagesplanung: ein herrlicher Sonnentag auf dem Wasser mit anschließendem Picknick und Badespaß am Strand oder ein langweiliger Sturmtag im Hafen? Es ist also ganz sinnvoll, wenn auch du weißt, was sich hinter den einzelnen Angaben verbirgt.

Heutzutage erhält man den Wetterbericht nicht nur aus dem Radio, sondern auch übers Internet, Fernsehen, Telefon oder ausgehängt am Hafenbüro.

Hääa ...?

Lass sehen ... das Tief über der Nordsee füllt sich auf, und bei den Azoren bildet sich ein Hoch. Naja, dann wissen wir ja, was uns erwartet, nicht wahr?

Segler müssen Geduld haben. Versuch nicht allzu sauer zu sein, wenn der Wetterbericht einen weiteren Hafentag vorschreibt.

!@!*!*

Oha. Scheint ja wieder ein mieser Wetterbericht zu sein ...!

HOCH und TIEF

Auf einer Wetterkarte sind verschiedene Kreise eingezeichnet, die für Hochdruck- und Tiefdruckgebiete stehen. Die Linien dieser Kreise sind wie Höhenlinien in Wanderkarten zu lesen: Je dichter sie sind, desto höher der Druck. Anders ausgedrückt: Je dichter die Linien (sie heißen übrigens ISOBAREN) liegen, desto stärker weht der Wind.

TIEFDRUCKGEBIETE. Der Wind dreht sich gegen den Uhrzeigersinn um das Zentrum (auf der Nordhalbkugel der Erde – auf der Südhalbkugel dreht er rechtsherum!). Meistens bringen Tiefdruckgebiete eher unbeständiges Wetter und starke Bewölkung mit Regen und kräftigem Wind.

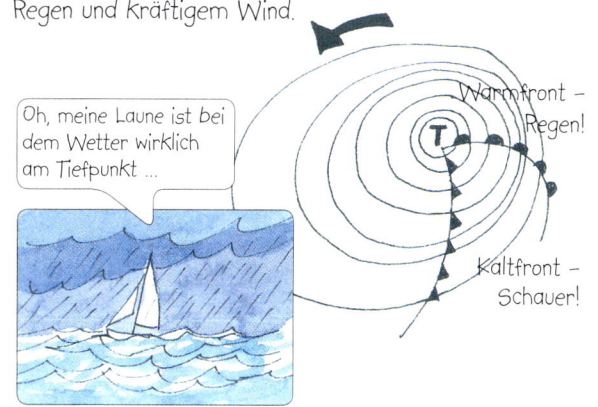

Oh, meine Laune ist bei dem Wetter wirklich am Tiefpunkt ...

Warmfront – Regen!

Kaltfront – Schauer!

HOCHDRUCKGEBIETE bringen normalerweise weniger Wind, nicht oder nur gering bewölkten Himmel und trockenes Wetter. Hier bewegt sich der Wind (auf der nördlichen Halbkugel) im Uhrzeigersinn ums Zentrum.

Yeah, das ist ein echtes Hochgefühl!

DER WETTERBERICHT. Zunächst wird allgemein erzählt, wo sich Hochdruck- und Tiefdruckgebiete befinden, in welche Richtung sie wandern und wie ausgeprägt sie sind. Dann kommen die Berichte für bestimmte Gebiete und auch Vorhersagen, also Schätzungen, wie das Wetter dort jeweils wird. Der Seewetterbericht ist übrigens viel genauer als der normale Wetterbericht, und jede Aussage hat ihren Sinn. Am Ende werden Stationsberichte verlesen – das sind Angaben über tatsächliche Wetterbeobachtungen an bestimmten Punkten.

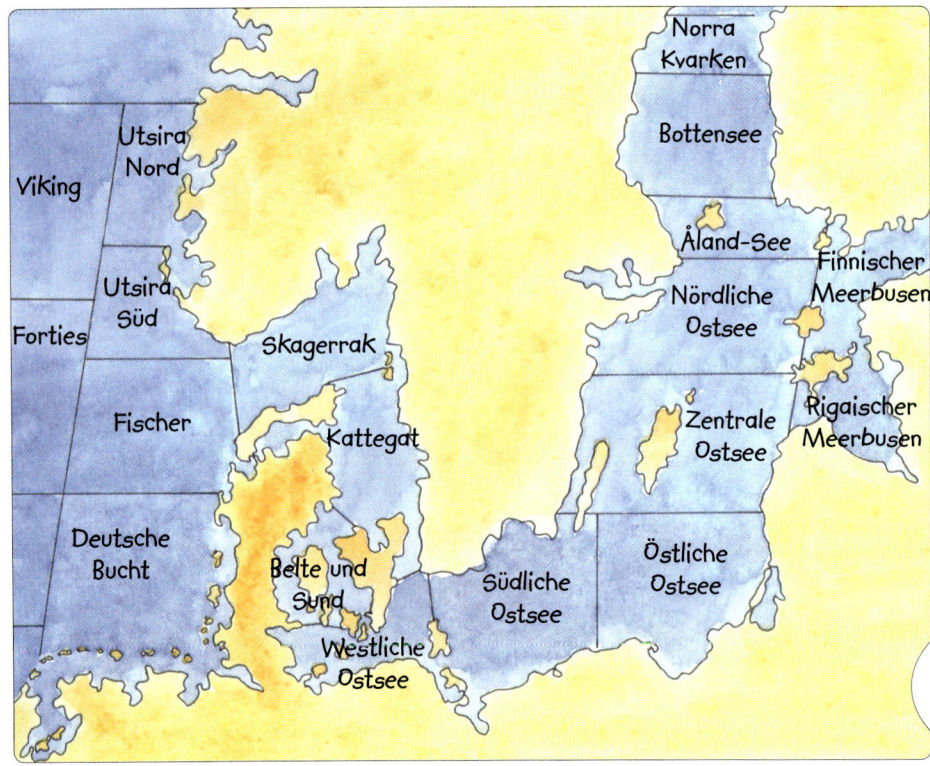

Hier siehst du mal die Gebietseinteilung der Nord- und Ostsee. Weißt du, in welchem Gebiet du gerade segelst?

Schlau ist es, schon beim Hören des Seewetterberichts möglichst viel mitzuschreiben. Erleichtert wird das durch Vordrucke, die man aus dem Internet runterladen kann oder selbst anfertigt und kopiert. Manchmal sind sie auch Bestandteil des Logbuchs.
Wichtig ist, nicht nur dein Gebiet zu notieren, sondern auch die umliegenden, damit du ein Gefühl dafür hast, was um dich herum vorgeht.

»Schauerböen«
Dieser Teil gibt an, ob es regnet, schneit oder einfach schön ist.

»später … in Böen bis 8«
heißt, dass vermutlich in den nächsten 12 Stunden einige stürmische Böen zu erwarten sind – besser, man hat bis dahin einen sicheren Platz im Hafen erreicht!

*… Belte und Sund,
Nordwest 4 bis 5, rückdrehend,
später West bis Südwest 6,
in Böen bis 8, Schauerböen,
sonst gute Sicht …*

»sonst gute Sicht«
Beschreibt, wie gut und weit man sehen kann (diesig oder neblig: kaum, im Sommer meist aber gut oder sogar sehr gut) – eine Angabe, die für Seeleute besonders in Küstennähe fast so wichtig ist wie die Windangabe!

»Südwest 4 bis 5, rückdrehend«
Hier wird die Windrichtung angegeben und dazu die Windstärke. Rückdrehend bedeutet, dass der Wind gegen den Uhrzeigersinn dreht, also linksherum (in unserem Fall über West nach Nordwest). Im Gegensatz dazu kann der Wind auch »rechtdrehend« sein, also im Uhrzeigersinn rechtsherum drehen.

Die Windstärke wird in Beaufort angegeben und basiert auf der Beobachtung von Wind und Wellen. Die Beaufortskala ist nach einem englischen Admiral aus dem 17. Jahrhundert benannt.

Die Windrichtung gibt an, aus welcher Richtung der Wind kommt (und nicht, wohin er weht): Nordwind heißt also, der Wind weht aus Nord (und nach Süd ...).

Tja ... ist es nun windig, sehr windig oder verdammt windig?

Heutzutage gibt es Windmessgeräte, die genau anzeigen, mit welcher Geschwindigkeit der Wind weht. Versuch doch mal, die Geschwindigkeit des Windes zu erraten, und überprüf deine Schätzung hinterher anhand der Instrumente an Bord!

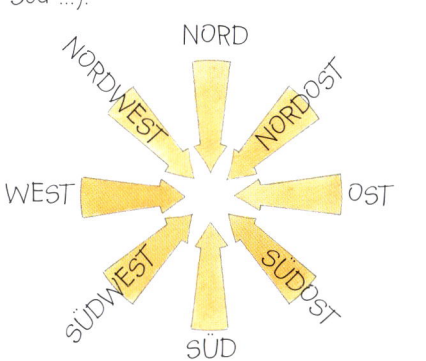

NORD
NORDWEST
NORDOST
WEST
OST
SÜDWEST
SÜDOST
SÜD

DIE BEAUFORTSKALA

(ein Knoten bedeutet eine Geschwindigkeit von 1 Seemeile in 1 Stunde)

Windstärke 1 Leiser Zug (1-3 Knoten; 0,3-1,5 Meter/Sekunde)

Windstärke 2 Leichte Brise (4-6 Knoten; 1,6-3,3 m/s)

Windstärke 3 Schwache Brise (7-10 Knoten; 3,4-5,4 m/s)

Windstärke 4 Mäßige Brise (11-16 Knoten; 5,5-7,9 m/s)

Windstärke 5 Frische Brise (17-21 Knoten; 8,0-10,7 m/s)

Windstärke 6 Starker Wind (22-27 Knoten; 10,8-13,8 m/s)

Windstärke 7 Steifer Wind (28-33 Knoten; 13,9-17,1 m/s)

Windstärke 8 Stürmischer Wind (34-40 Knoten; 17,2-20,7 m/s)

Windstärke 9 Sturm (41-47 Knoten; 20,8-24,4 m/s)

Windstärke 10 Schwerer Sturm (48-55 Knoten; 24,5-28,4 m/s)

Windstärke 11 Orkanartiger Sturm (56-63 Knoten; 28,5-32,5 m/s)

Windstärke 12 Orkan (über 64 Knoten; 32,7-36,9 m/s)

Eine schwache Brise ist die beste Voraussetzung für eine schnelle, angenehme Reise mit einem Motorboot und einen geruhsamen Törn mit einer Segelyacht.

Bei Windstärke 3 ist also jeder glücklich – die Motorbootskipper, weil keine hohen Wellen bremsen, und die Segler, weil sie ihre gesamte Segelgarderobe auspacken können.

Bei Windstärke 4 und 5 sieht es schon etwas anders aus: Segelyachten werden schnell, manche beginnen zu reffen (also die Segelfläche zu verkleinern). Motoryachten hingegen werden von den höher laufenden Wellen etwas abgebremst. Erste weiße Schaumkronen zeigen sich.

Wenn der Wind weiter auffrischt Richtung Sturm (Windstärke 7 bis 8), werden die Segel weiter gekürzt – sofern man draußen auf See abwettert und nicht lieber im Hafen bleibt. Auf Motoryachten muss besonders aufmerksam Ruder gegangen werden, damit die inzwischen recht hohen Wellen mit weißen Gischtkämmen gut und langsam ausgesteuert werden können. Anstrengendes Wetter, aber machbar.

Bei mehr als Windstärke 8 solltest du lieber nicht mehr draußen auf See sein – es sei denn, dein Boot ist extra dafür gemacht, sodass es sicher auch die inzwischen gefährlich hohe See aushält!

NOCH MEHR WETTER ... In jedem Winkel der Welt gibt es auch gebietstypische Wetterphänomene. Wenn du also beispielsweise irgendwo Charterferien planst, ist es sinnvoll, sich mit dem dortigen Wetter auseinanderzusetzen. Bei einem Törn über den Atlantik sind die weltweiten Wetterbedingungen wichtig, bei einem Küstentörn hingegen sind es lokale Effekte, die dein Wetter (mit)bestimmen.

SEEWIND

Besonders im Sommer, wenn die Sonne das Land schneller aufheizt als das Wasser im Meer, entsteht gegen späten Mittag der sogenannte Seewind, der vom Meer her zum Land weht. Warum ist das so? Das Land heizt sich durch die Kraft der Sonne auf. Heiße Luft steigt nach oben. Hoch über dem Wasser kühlt sie sich ab und sinkt dabei nach unten. Gleichzeitig wird die kühlere Luft vom Meer durch die Hitze des Landes sozusagen »angezogen«, strömt zum Land, erhitzt sich dort, steigt wieder auf – ein perfekter Kreislauf, der erst gegen Abend zum Erliegen kommt, weil dann mit verringerter Sonnenkraft die Hitze über dem Land abnimmt.

LOKALE WINDE

Auch die Form einer Küste kann Einfluss auf die lokalen Winde haben. Die Bergregionen des gesamten Mittelmeerraumes beispielsweise sorgen für kräftigen bis stürmischen Wind, der plötzlich von den Bergen herabweht. In Südfrankreich heißt dieser Wind »Mistral«, in Griechenland »Meltemi«, und »Scirocco« nennt man den heißen Wüstenwind, der von den Wüsten Nordafrikas heiß, trocken und sehr staubig übers Meer weht.

WOHER WEISS MAN, DASS SCHLECHTWETTER DROHT?

Wenn das Barometer fällt, viel Wind demnächst schon Einzug hält.

Steiget es hingegen hoch, setz die Segel noch und noch.

Du musst gar nicht immer auf irgendwelche Experten warten, um zu wissen, wie das Wetter wird. Fast alle Schiffe haben ein Barometer an Bord, das den Luftdruck misst. Niedriger Luftdruck bedeutet, dass ein Tiefdruckgebiet kommt (also eher wechselhaftes, windiges Wetter), hoher Luftdruck steht für beständiges, meist gutes Wetter. Wenn das Barometer schnell fällt, ist das ein sicheres Anzeichen für baldigen stürmischen Wind.

Meist befinden sich zwei Zeiger am Barometer. Der eine misst den Luftdruck, den anderen kannst du mittels eines Rädchens in der Mitte selbst einstellen. Drehe ihn so, dass er genau über dem Zeiger des Luftdrucks steht . Wenn du nun das nächste Mal aufs Barometer guckst, kannst du sehen, wie weit der Luftdruck in der Zwischenzeit gestiegen oder gefallen ist.

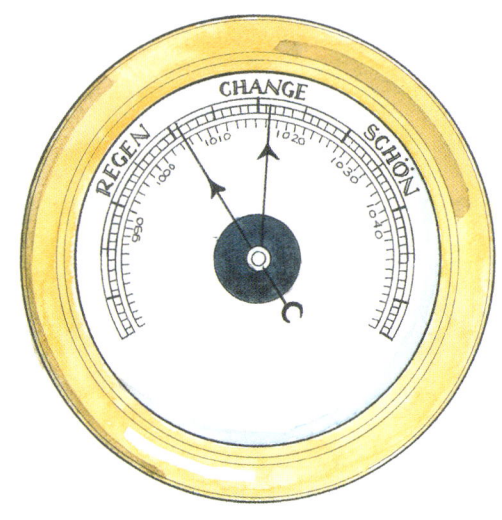

Weil der Luftdruck (und seine Änderungen) so wichtig für eine Windvorhersage ist, sollte er alle zwei Stunden ins Logbuch eingetragen werden (es gibt eine extra Spalte dafür). Zeig deinem Skipper, was du schon alles kannst, und trage ihn selbstständig regelmäßig ein!

GEZEITEN. Wenn du in Tidengewässern unterwegs bist, also in Gewässern mit Ebbe und Flut wie zum Beispiel der Nordsee, ist es sinnvoll, ein bisschen davon zu verstehen. Die notwendigen Berechnungen für einen Törn wird der Skipper oder Navigator durchführen, aber es kann keinesfalls schaden, wenn du etwas über EBBE UND FLUT weißt und einen Tidenkalender lesen kannst.

WOHER KOMMEN EBBE UND FLUT? Die Gezeiten werden vom Stand der Sonne und des Mondes beeinflusst. Zweimal im Monat stehen Sonne, Mond und Erde in einer Linie. Das verursacht besonders hohe Gezeiten, sogenannte SPRINGTIDE. Bei Halbmond verringert sich die Anziehungskraft der Gestirne auf das Wasser – besonders niedrige Gezeiten sind die Folge: NIPPTIDE.

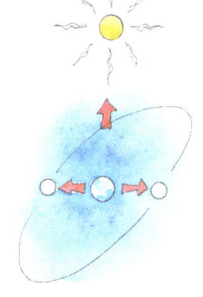

SPRINGTIDE: jeweils zu Vollmond und Neumond, besonders hohe Flut und niedrige Ebbe.

NIPPTIDE: immer bei Halbmond, viel weniger ausgeprägt als Springtide.

WIE MAN DEN TIDENKALENDER LIEST

Eine Tide dauert in etwa 12 Stunden, sodass das Wasser ca. 6 Stunden lang aufläuft (FLUT) und 6 Stunden abläuft (EBBE).

TIDENKALENDER oder GEZEITENTABELLEN geben an, an welchem Ort und welchem Tag zu welcher Zeit der Höchststand (HOCHWASSER – HW) und der niedrigste Stand (NIEDRIGWASSER – NW) erwartet werden. Teilweise wird auch angegeben, wie hoch das Wasser auflaufen wird.

Datum			Zeit	Wasserstand (m)
Mo	06.10.	HW	04:17	3,0
Mo	06.10.	NW	10:56	0,7
Mo	06.10.	HW	16:38	2,8
Mo	06.10.	NW	23:05	0,9

Hier sehen wir, dass am Montag, den 06.10.2008 das erste Hochwasser um viertel nach 4 Uhr morgens erreicht ist – mit 3 Metern über Kartennull – und um kurz vor 11 Uhr am Vormittag auf 0,7 Meter über Kartennull fällt. – Alles klar?

An zwei Dinge musst du auch noch denken:

Die Gezeiten verlaufen entlang der Küste immer zu unterschiedlichen Zeiten. Sei also immer sicher, dass du den richtigen Ort aufgeschlagen hast!

Außerdem musst du darauf achten, ob in der Gezeitentabelle die Sommerzeit angegeben ist – eine Angabe darüber findet sich meist am Anfang der Tabelle.

Zu kompliziert? Nun ja, Fahrtensegeln ist eben nicht nur gut für den Körper, sondern trainiert auch das Gehirn!

Springhochwasser
Nipphochwasser
Nippniedrigwasser
Springniedrigwasser
Kartennull (das niedrigstmögliche Niedrigwasser überhaupt)

Wenn dir das auf Sand oder Schlick oder Watt passiert, musst du einfach nur warten, bis die nächste Flut da ist.

Passiert das hingegen auf einem Felsen oder bei Schlechtwetter, kann es gefährlich werden! Ein guter Navigator rechnet immer ausreichend Handlungsspielraum bei den Gezeiten mit ein!

Das war das letzte Mal, dass DU die Berechnungen gemacht hast!

EBBE+FLUT

Manchmal sind die Gezeiten ausgesprochen nützlich! Gerade in englischen oder französischen Häfen wirst du oft Leute sehen, die ihr Unterwasserschiff bei Ebbe pflegen, indem sie ihr Schiff einfach sanft an der Hafenmauer anlehnen. Natürlich ist es schlau, die Arbeit mit Einlaufen der Flut beendet zu haben!

Nicht nur der Wasserstand *beeinflusst* einen Törn in Tidengewässern, sondern vor allem auch der Strom des fließenden Wassers. Ein guter Segler wird eine Reise immer eher mit dem Strom planen als gegen ihn (sogar wenn er dafür mitten in der Nacht aufstehen muss!). Während einer Springtide läuft der Strom schneller als bei Nipptide – in der gleichen Zeit wird mehr Wasser bewegt.

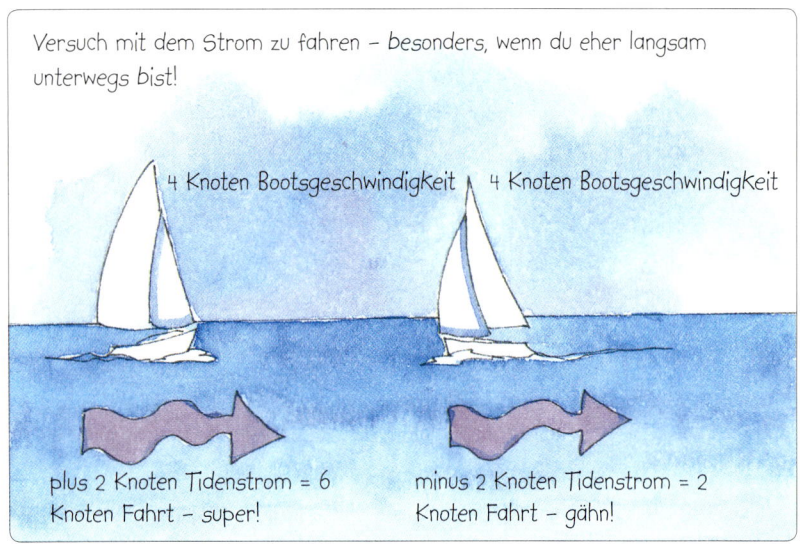

Versuch mit dem Strom zu fahren – besonders, wenn du eher langsam unterwegs bist!

4 Knoten Bootsgeschwindigkeit   4 Knoten Bootsgeschwindigkeit

plus 2 Knoten Tidenstrom = 6 Knoten Fahrt – super!

minus 2 Knoten Tidenstrom = 2 Knoten Fahrt – gähn!

Das reicht! Nächstes Jahr segeln wir wieder auf der Ostsee oder dem Mittelmeer!

Der Navigator nutzt die Karte oder einen speziellen Gezeitenatlas – beide zeigen an, wo lang und wie kräftig der Gezeitenstrom verläuft.

Du kannst ganz einfach sehen, ob gerade Ebbe oder Flut ist, wenn du einen festen Gegenstand im Wasser beobachtest. Tonnen beispielsweise legen sich durch den Strom immer etwas auf die Seite.

Ein Motorboot ist viel unabhängiger von den Gezeiten als ein Segelboot – speziell, wenn es kräftige Maschinen hat. Seine hohe Geschwindigkeit sorgt dafür, dass der Skipper nicht unbedingt auf die richtige Tide warten muss – manchmal ist es für ihn und das Boot sogar besser, nicht mit, sondern gegen den Strom zu fahren. Dies gilt speziell, wenn Wind und Strom in eine Richtung laufen: Die Wellen sind dann weniger heftig.

Manchmal muss man auch quer zum Strom segeln. In diesem Fall weist dein Bug nicht in die Richtung, in die du eigentlich fahren willst, weil der Strom dich seitlich versetzt. Wenn du zum Beispiel eine Tonne ansteuern willst, musst du seitlich zu ihr steuern (man nennt dies auch »vorhalten«). Entweder gibt dir dein Navigator den zu steuernden Kurs vor, oder du probierst es einfach mal aus.

Der Strom drückt dich nach Steuerbord ...

... also steuerst du mehr nach Backbord ...

... um wie gewünscht an der Tonne anzukommen.

Wind gegen Strom gibt eine ruppige Reise ...

KLATSCH!

WIND

STROM

Wind mit dem Strom gibt weniger Wellen und einen ruhigen Törn

Das ist besser!

WIND

STROM

KNOTEN. Anderthalb Rundtörn mit zwei halben Schlägen hast du ja schon kennengelernt, als es um die Befestigung von Fendern ging. Aber natürlich gibt es noch viel mehr Knoten, die ein Seemann können muss – ebenso wie ihre richtige Anwendung. Die folgenden Knoten sind die wichtigsten. Üb sie immer wieder, damit du sie auch im Schlaf noch sauber knüpfen kannst!

PALSTEK

Gibt ein festes Auge, beispielsweise um die Schot am Schothorn des Segels zu befestigen oder einen Festmacher über einen Dalben zu legen. Er ist nicht so einfach, aber mit etwas Üben wirst du ihn schon hinbekommen!

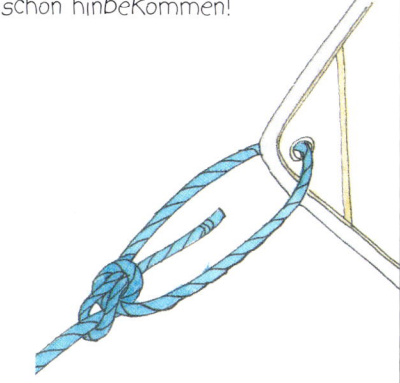

ACHTKNOTEN

Einfach zu lernen – verhindert unter anderem das Ausrauschen der Schot.

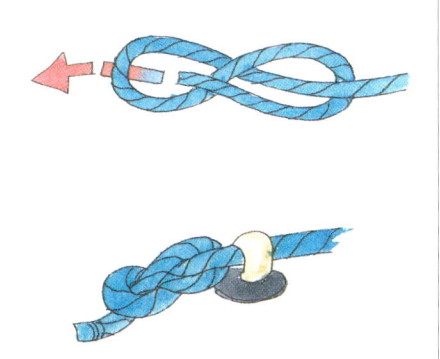

KREUZKNOTEN

Sinnvoll, um ein Reff ins Segel zu binden. Verbindet zwei gleich starke Enden.

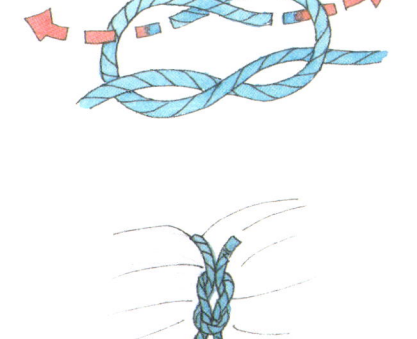

WEBELEINSTEK

Schnell und einfach, um ein Tau um eine Stange oder Ähnliches zu binden. Auch gut für Fender, die an die Reling geknotet werden.

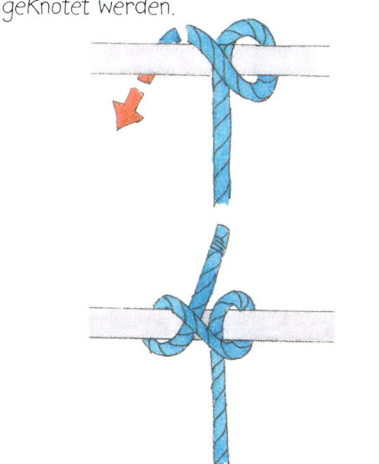

SCHOTSTEK UND DOPPELTER SCHOTSTEK

Verbindet zwei Leinen mit unterschiedlichem Durchmesser miteinander. Gut, um beispielsweise eine Leine zu verlängern. Besser als der einfache Schotstek, aber im Grunde genauso einfach zu knüpfen, ist der doppelte (die dünnere Leine wird zweimal um die Bucht der dickeren Leine gelegt).

 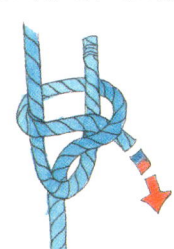  SCHOTSTEK   DOPPELTER SCHOTSTEK

FLAGGEN und WIMPEL. Jahrhundertelang wurden in der Seefahrt Flaggensignale gegeben, wenn man sich etwas mitzuteilen hatte und in Sichtweite voneinander entfernt war. Auch heute, wo es den Funk und vor allem Mobiltelefone gibt, ist es ganz sinnvoll, ein paar Flaggen und ihre Bedeutung zu kennen. (Wenn du willst, kannst du natürlich auch das gesamte Flaggenalphabet lernen ...!)

NATIONALFLAGGE

Jedes Schiff muss seine Nationalflagge führen – an ihr kann man erkennen, aus welchem Land das Schiff kommt.

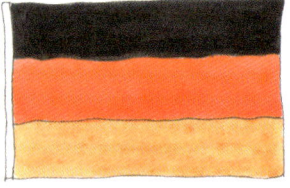 Deutschland

 Dänemark

 Niederlande

Auf See und bei schlechtem Wetter muss die Nationale nicht gezeigt werden, im Hafen gilt es als ungeschriebenes Gesetz, sie von 8 Uhr morgens bis Sonnenuntergang zu setzen (meist am Heck).

REGATTA

Während einer Regatta wird normalerweise *keine* Nationalflagge gesetzt (die Nationalität ist am Segelzeichen zu erkennen). Manchmal wird am Achterstag ein Wimpel gefahren, der die Bootsklasse anzeigt.

VERBANDSFLAGGE / CLUBSTANDER

Jeder Segel- oder Motorclub hat einen Vereinswimpel, auch Stander genannt. Er wird normalerweise unter der Saling oder am Signalmast gefahren.

Segelclub »Schlickrutscher«

GASTLANDSFLAGGE

Wenn man in ein anderes Land segelt, zeigt man aus Höflichkeit auch die Flagge dieses Landes; sie sollte allerdings kleiner als die eigene »Nationale« sein. Ein Segler hisst sie unterhalb der Steuerbordsaling, Motoryachten am Signalmast.

Äh ... Skipper, sagtest du nicht, ich solle die holländische Gastflagge setzen?

BIENVENUE À CALAIS

NAMENSWIMPEL

Sie werden speziell von klassischen Yachten ganz oben am Masttopp gefahren. Für sie gibt es keine Vorschriften – du kannst dir einfach selbst eine ausdenken, wenn du nicht nur den Namen aufschreiben willst!

Wie friedlich! Seit zwei Stunden hocken sie nun schon da unten und entwerfen unseren Namenswimpel!

Okay, der Totenkopf sieht schon ganz gut aus. Jetzt die Entermesser ...

SIGNALFLAGGEN

A ALFA **B** BRAVO **C** CHARLIE **D** DELTA **E** ECHO

F FOXTROT **G** GOLF **H** HOTEL **I** INDIA **J** JULIETT

K KILO **L** LIMA **M** MIKE **N** NOVEMBER **O** OSCAR

P PAPA **Q** QUEBEC **R** ROMEO **S** SIERRA **T** TANGO

U UNIFORM **V** VICTOR **W** WHISKEY **X** X-RAY **Y** YANKEE **Z** ZULU

1 2 3 4 5

6 7 8 9 0

In früheren Zeiten waren Signalflaggen neben den akustischen Morsesignalen und Lichtzeichen die einzige Möglichkeit, sich auf Entfernung von Schiff zu Schiff zu »unterhalten«. Jede Flagge steht für einen Buchstaben im Alphabet, einige darüber hinaus sogar für ganze Sätze (zum Beispiel die Flagge J = JULIETT = »Ich habe Feuer im Schiff und gefährliche Ladung an Bord, halten sie gut frei von mir«).

Hier siehst du das ganze Alphabet. Schreib oder mal doch mal deinen Namen oder den deines Schiffes in Flaggenbuchstaben!

ÜBER DIE TOPPEN

Heutzutage werden die Signalflaggen hauptsächlich dafür benutzt, um Schiffe beispielsweise bei Regatten, Paraden oder Hafenfesten zu schmücken. Ein Hafen, in dem lauter über die Toppen geflaggte Schiffe liegen, ist immer ein fröhlicher und festlicher Anblick. Wenn du unterwegs bist, musst du die Flaggen allerdings herunterholen.

Über die Toppen geflaggt

... bis zur letzten Unterhose!

SIGNALE, DIE AUCH HEUTE NOCH GENUTZT WERDEN

Manche der oben gezeigten Signalflaggen werden auch heute noch eingesetzt.

Die Q-Flagge, gesetzt an Backbord gegenüber der Gastlandsflagge, wird beim Einlaufen in fremde Länder gesetzt. Sie zeigt dem Zoll und dem Küstenschutz, dass du gerade aus einem anderen Land ankommst und die Einreiseformalitäten erledigen möchtest – und deshalb auf den Besuch der Behörden wartest. Innerhalb Europas musst du die Q-Flagge nicht einsetzen.

H-Flagge: Ein großes Schiff fordert einen Lotsen an (zum Beispiel um in einen Hafen einfahren zu dürfen oder einen bestimmten Flussabschnitt oder Kanal zu befahren).

Wenn du die A-Flagge wehen siehst, musst du vorsichtig sein und Abstand halten. Sie bedeutet: »Ich habe Taucher unten, halten Sie bei langsamer Fahrt gut frei von mir.«

UMWELTSCHUTZ. Ein guter Seemann kümmert sich nicht nur um sein Schiff und seine Crew, sondern auch um die See, die er befährt. Das Meer beherbergt jede Menge Lebewesen – mehr als 10 Millionen Spezies! Ozeane bedecken mehr als 70 % der Erdoberfläche und sind ein sehr wichtiger und schützenswerter Lebensraum.

Was hat das aber mit dem einzelnen Segler zu tun? Nun, jeder kann und sollte dazu beitragen, dieses einzigartige Ökosystem, das unser aller Leben beeinflusst, zu schützen. Am einfachsten, indem man zum Beispiel keinerlei Abfall über Bord wirft. Vielleicht meinst du ja, dein bisschen Müll kann doch nicht so schlimm sein (und außerdem sieht's ja keiner – in der großen Menge Wasser!) – aber wusstest du, dass beispielsweise eine einzige Getränkedose 50 Jahre braucht, bis sie unter Wasser zersetzt ist? Glasflaschen »leben« sogar mehr als 1000 Jahre … Dass Plastikabfall andere Lebewesen schädigt (indem er gefressen wird oder Tiere sich in ihm verheddern), hast du bestimmt schon gehört.

TIERBEOBACHTUNGEN

Kennst du den Unterschied zwischen einem Delfin und einem Schweinswal? Um Tiere an der Küste und auf See genau bestimmen zu können, gibt es praktische und spannende Bücher, die in keiner Bordbibliothek fehlen sollten. Ein Fernglas ist sowieso an Bord – und ausgesprochen hilfreich, um zum Beispiel Seevögel zu beobachten.

Doch auch die kleineren Bewohner der Küsten sind interessant. Schnapp dir einen Kescher, geh ein paar Schritte ins Wasser und zieh ihn über Grund: Du wirst staunen, was es alles zu entdecken gibt!

Red keinen Quatsch, natürlich gibt es hier keine Wale!

Delfine und andere Meeressäuger sind immer wieder unglaublich faszinierend – besonders, wenn sie mit der Bugwelle eures Bootes spielen oder neben euch her schwimmen. Worin unterscheiden sich Delfine und die z. B. in der Ostsee wesentlich häufiger vorkommenden Schweinswale? Ganz allgemein hat ein Delfin eine längere und ausgeprägte Schnauze, und auch die Finne auf dem Rücken ist imposanter.

DELFIN

SCHWEINSWAL

Viele Institutionen, die sich mit Meeressäugern beschäftigen, sind dankbar über jede Sichtung. Schau doch mal vor einem Törn im Internet nach, an wen du dich wenden kannst, um deine Beobachtungen mitzuteilen!

LAND IN SICHT!

Ein Landfall ist immer eine aufregende Sache. Schon wenn man nur einen ganzen Tag lang auf See war, freut man sich über die neue Küste. Was meinst du wohl, wie sich das erst anfühlt, wenn man wochenlang nur Wasser um sich herum hatte? Doch mit dem Landfall ist deine Aufgabe an Bord keinesfalls beendet. Nun heißt es, beim sicheren Festmachen / Vertäuen zu helfen, das Boot aufzuklaren und das Dingi (Beiboot) sicher zu bedienen.

AUFGABEN DER CREW

- Beim Segelbergen und Verstauen helfen

- Fender und Festmacher klarieren

- Umsichtig mit dem Beiboot umgehen

Wenn der Hafen in Sicht ist, wird der Skipper das Kommando zum SEGELBERGEN geben. Um das Großsegel zu bergen, wird das Schiff in den Wind gedreht, die Fock hingegen kann eigentlich auf jedem Kurs heruntergeholt oder eingerollt werden. So kannst du helfen …

DAS GROSSSEGEL BERGEN

Als Erstes muss die Dirk durchgeholt werden, um ein bisschen Druck aus dem Segel zu nehmen und um zu verhindern, dass der Baum zu weit absackt, wenn er nicht mehr durch das Segel gehalten wird. Manchmal muss zunächst die Großschot dafür ein bisschen gefiert werden. Hand über Hand wird dann das Großfall gefiert und das Segel in gleichmäßigen Buchten sauber auf dem Baum aufgetucht.

Die Dirk durchsetzen

Segel kommt nach unten …

… wenn das Großfall gefiert wird.

Zeiser bereitlegen (aber so befestigt, dass sie nicht davonwehen können!)

Das Fall unbedingt über eine Winsch oder Klampe führen; das Kostet weniger Kraft und ist sicherer zu handhaben!

Eine Rollfock ist schnell und einfach eingeholt. Einer gibt ein bisschen Lose auf die Schot und fiert behutsam mit, während die Trimmleine von einer zweiten Person eingeholt wird.

Ist die Fock komplett eingerollt, wird die Trimmleine belegt und die Schoten werden dichtgesetzt.

DAS GROSSSEGEL EINPACKEN

Sobald das Großsegel unten ist, muss es am Baum verzurrt werden, damit der Wind keine Angriffsfläche mehr hat und es nicht unkontrolliert ausweht. Nachdem es auf dem Baum in gleichmäßige Buchten gelegt wurde, muss es mithilfe von Zeisern verzurrt werden. Erinnerst du dich noch an den Kreuzknoten? Er eignet sich auch für die Zeiser – wenn sie lang genug sind, lege eine Part »auf Slip«, also zieh sie als Schlaufe durch, sodass sich der Knoten mit einem Ruck am losen Ende lösen lässt (ja, ganz ähnlich einer Schleife!).

VORSEGEL BERGEN

Das Vorsegelfall wird langsam gefiert, und das Vorsegel rutscht am Vorstag herunter (sofern es mit Stagreitern läuft). Ein Crewmitglied hockt auf dem Vorschiff und hält das Segel immer schön unten, damit auch hier der Wind keine Angriffsfläche hat und das Segel nicht über die Reling weht.

Sobald das Vorsegel unten ist, wird das Fall vorsichtig abgeschäkelt …

… und immer gut festgehalten!

Auch dieses Segel wird zum Schluss schön ordentlich an der Reling festgebändselt oder gleich ganz abgeschlagen und wieder im Segelsack verstaut.

Das Fall wird an sicherer Stelle befestigt und dichtgeholt.

ANLEGEN UND FESTMACHEN

Sobald ihr in einen Hafen einlauft oder längsseits eines anderen Bootes gehen wollt, müssen Fender und Festmacher klargemacht sein.

FESTMACHER UND FENDER KLARIEREN

Ein Ende eines jeden Festmachers sollte immer an einem Punkt des Bootes befestigt sein (du glaubst ja gar nicht, wie viele Leute schon mal die gesamte Leine übergeben haben – derweil ihr Boot wieder abtrieb!). Dann sollten sie sauber aufgeschossen an Deck bereitliegen. (Weißt du noch, wie das geht? Nein? Dann sieh noch mal auf Seite 22 nach!)

Manchmal müssen Fender an beiden Seiten des Bootes ausgebracht werden, weil nicht vorauszusehen ist, mit welcher Seite angelegt wird. Festmacher sollten unter dem BugKorb durchgeführt werden (und, sofern vorhanden, über die Lippklampe, damit sie später, wenn Zug drauf kommt, den BugKorb nicht beschädigen).

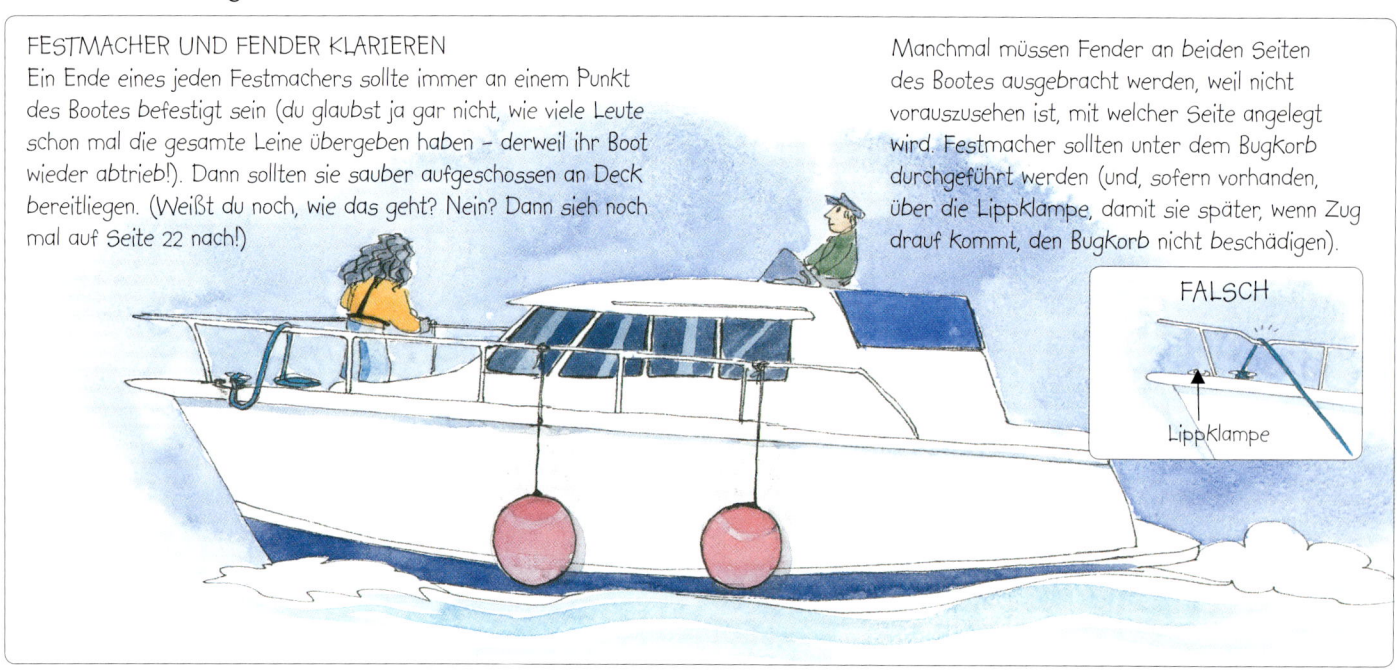

FALSCH

Lippklampe

Gerade bei hochbordigen Schiffen oder Motoryachten kannst du nicht einfach mit der Leine in der Hand über Bord und auf den Steg springen. Hier befestige eine Seite des Festmachers an einer Klampe. Stell dich sicher hin, teile die aufgeschossene Leine in zwei Bunsche (eins für jede Hand) und lass eine Bucht dazwischen hängen.

Wenn ihr nahe genug seid, wirf den Festmacher über die Klampe oder den Poller am Steg und hol die Leine schnell dicht (leg sie über eine Klampe, das nimmt den Druck heraus), dann belege sie.

Vorleine Vorspring Achterspring Achterleine

Sobald das Boot sicher festgemacht ist, müssen die Fender nochmals überprüft werden – kann das Boot nirgendwo scheuern oder gegenstoßen? Am besten ist ein Boot seitlich mit vier Leinen befestigt: Vorleine (vom Bug nach vorne), Achterleine (vom Heck nach hinten), Vorspring (vom Vorschiff ungefähr zur Bootsmitte oder noch etwas weiter nach hinten) und Achterspring (vom Achterschiff aus nach vorne zur Bootsmitte oder noch etwas weiter nach vorne).

Der *beste* Platz beim Anlegemanöver ist bei den Wanten – an ihnen kannst du dich nämlich prima festhalten.

Den Festmacher hältst du als lockeren Bunsch in der anderen Hand – nachdem du überprüft hast, dass er keine Knoten hat und sich nicht verhaken kann.

Schau noch einmal nach: Ist das Ende sicher an Bord belegt? Läuft die Leine unter dem Bugkorb und durch die Lippklampe?

Das Wichtigste beim Anlegen ist: WARTE AB, bis das Schiff wirklich nah genug am Steg ist. Allzu wagemutige Sprünge bringen nichts ...

Sobald du an Land bist, leg die Vorleine um eine Klampe oder einen Poller – in etwa da, wo der Schiffsbug ist. Belege die Leine und hilf bei den anderen.

Die Leine einmal um die Klampe gelegt.

Legst du den Festmacher nicht um Klampe oder Poller, wirst du in große Schwierigkeiten kommen, wenn das Schiff noch etwas Fahrt drauf hat. Probier's besser nicht, DU KANNST DAS SCHIFF SO NICHT HALTEN!

Sobald das Schiff ruhig liegt, beleg die Leine wie oben beschrieben.

BELEGTE KLAMPE – das lose Ende der Leine immer so legen, dass niemand drüber stolpern kann!

WIE BEFESTIGT MAN EINEN FESTMACHER?

Nach dem Kommando deines Skippers »Mach fest« sollte sich der Festmacher nicht mehr lösen können. Dazu gibt es im Wesentlichen drei Möglichkeiten: Weißt du noch, wie man eine Leine auf einer Klampe belegt? Richtig – in Form einer 8 um die Klampe winden und abschließend einen Kopfschlag (sieh noch mal auf Seite 20 nach!). Manchmal macht man die Leine auch mit einem Palstek fest. Oder man führt die Leine um den Poller oder die Klampe oder durch einen Ring oder die Klampe und holt sie anschließend zurück an Bord, wo sie belegt wird. Das nennt man die Leine »auf Slip« legen.

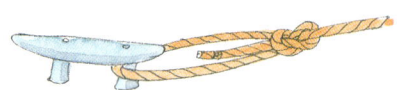

MIT EINEM PALSTEK knüpft man ein festes Auge (schon vergessen? Dann schnell auf Seite 69 nachgeschaut!).

EINE LEINE ÜBERGEBEN. Manchmal hat man das Glück, dass hilfreiche Menschen am Steg warten und helfen. In diesem Fall musst du nicht selbst auf den Steg springen, sondern nur die Leine rüberwerfen (sprich mit dem Skipper ab, welche Leine zuerst festgemacht werden soll, und sag das dann auch dem Helfer!). Um die Leine zu übergeben oder an Land zu werfen, teilst du dein sauber aufgeschossenes Bunsch locker in zwei Teile, nimmst eins in jede Hand und lässt eine Schlaufe dazwischen hängen. Schau noch einmal nach, dass ein Ende sicher am Boot belegt ist! Das lose Ende ist in deiner Wurfhand und wird, sobald das Boot nah genug ist, dem Helfer zugeworfen.

Okay, Paps, ich hab die Leine rübergeworfen, und jetzt?

Manche Häfen sind ziemlich voll, sodass man nicht direkt am Steg, sondern längsseits an einem anderen Boot festmacht (»im Päckchen liegt«). In diesem Fall macht man wie am Steg am anderen Boot fest, legt aber zusätzlich lange Leinen an Land, damit das Päckchen nicht vor und zurück schwoien kann. Natürlich dauert es nun etwas länger, bis man an Land ist – sei vorsichtig und leise und geh immer über das Vordeck der anderen Schiffe, wobei stets mittschiffs über die Reling gestiegen wird.

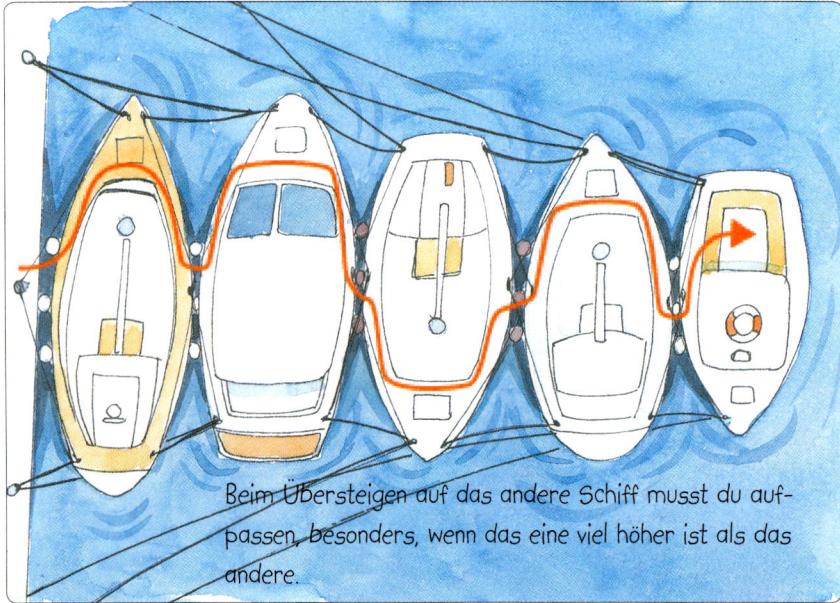

Beim Übersteigen auf das andere Schiff musst du aufpassen, besonders, wenn das eine viel höher ist als das andere.

REGELN IM PÄCKCHEN

Immer über das Vordeck gehen – nie durch das Cockpit.

Niemals springen, hüpfen, rennen, stampfen!

Schuhe vor Betreten fremder Schiffe gründlich säubern.

Wenn jemand an Deck ist, frag höflich, ob du über das Boot gehen darfst.

Schleich wie ein Mäuschen – besonders nachts (du läufst ja direkt über den Kojen entlang!).

Sei nicht neugierig – schaue niemals ohne Einladung in die Kajüten anderer – auch nicht, wenn der Niedergang offen steht.

EINE MURINGBOJE AUFNEHMEN. Der Skipper wird langsam möglichst gegen Strom und Wind an die Boje heranfahren. Wenn du gebeten wirst, die Boje aufzupicken, sind hier einige Tricks ...

Der Skipper kann die Muringboje beim Heranfahren nicht mehr sehen. Nimm den Bootshaken um ihm anzuzeigen in welcher Richtung sie liegt. Sag dazu laut, wie weit sie entfernt ist.

Unterhalb der Muringboje befindet sich eine Leine, die du mit dem Bootshaken angeln musst. Sag sofort Bescheid, sobald du sie an Bord hast.

Manchmal ist eine Greifboje an der Leine befestigt, manchmal nur eine Leine mit Auge.

Wenn es weder Greifboje noch Leine gibt, musst du mit dem Bootshaken das obere Auge auf der Boje zu fassen kriegen. Eine zweite Person muss dann schnell eine Leine durch das Auge ziehen (ein Ende dieser Leine sollte bereits an Bord belegt sein!).

Wenn du die Boje nicht erreichen kannst, lehn dich nicht zu weit über die Reling – du riskierst ein unfreiwilliges Bad und ein verpatztes Manöver! Sag dem Skipper einfach Bescheid, er wird einen zweiten Anlauf nehmen.

Paps! Ich hab sie!

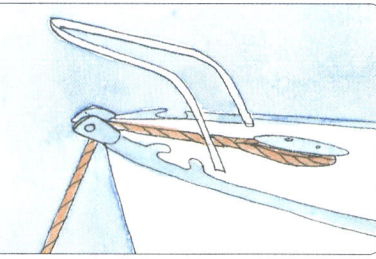

Schließlich musst du die Muringleine an Bord belegen – möglichst weit vorne. Achte darauf, dass sie über eine Ankerrolle oder Lippklampe läuft.

ANKERN. Ankern ist weit mehr, als einfach nur den Anker über Bord zu schmeißen. Vor allem das Aufholen ist echte Arbeit – es sei denn, ihr habt eine elektrische Ankerwinde an Bord ...

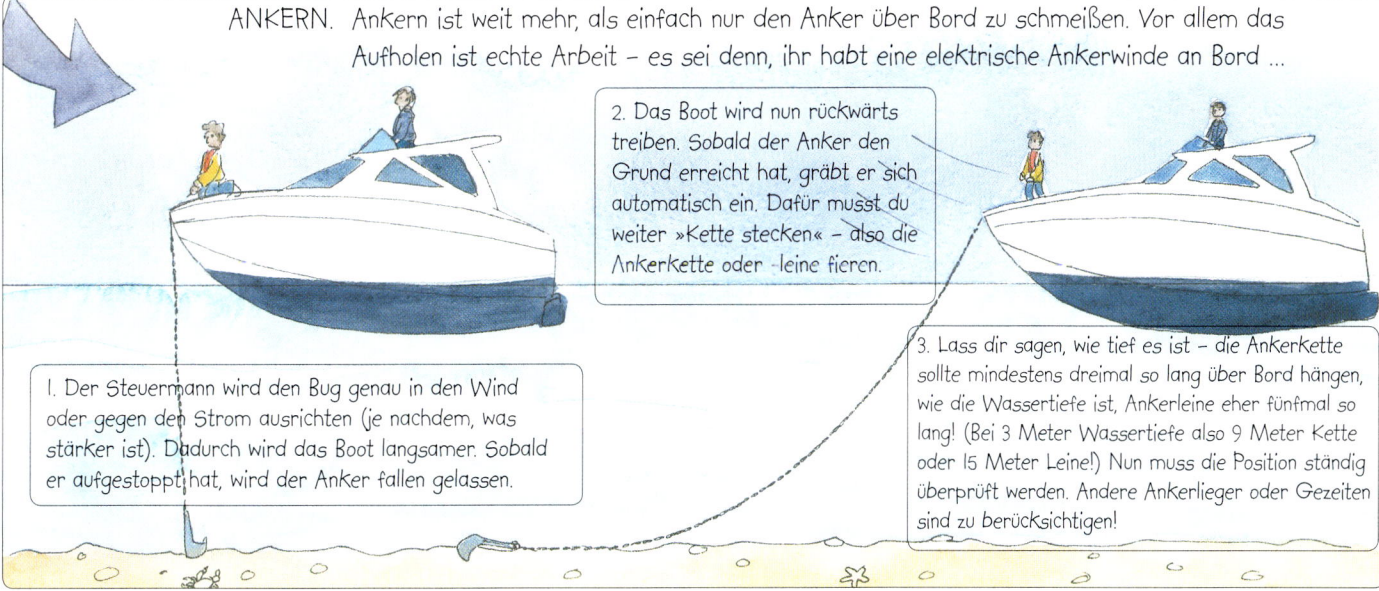

2. Das Boot wird nun rückwärts treiben. Sobald der Anker den Grund erreicht hat, gräbt er sich automatisch ein. Dafür musst du weiter »Kette stecken« – also die Ankerkette oder -leine fieren.

1. Der Steuermann wird den Bug genau in den Wind oder gegen den Strom ausrichten (je nachdem, was stärker ist). Dadurch wird das Boot langsamer. Sobald er aufgestoppt hat, wird der Anker fallen gelassen.

3. Lass dir sagen, wie tief es ist – die Ankerkette sollte mindestens dreimal so lang über Bord hängen, wie die Wassertiefe ist, Ankerleine eher fünfmal so lang! (Bei 3 Meter Wassertiefe also 9 Meter Kette oder 15 Meter Leine!) Nun muss die Position ständig überprüft werden. Andere Ankerlieger oder Gezeiten sind zu berücksichtigen!

DAS BEIBOOT / DINGI. Wenn ihr an einer Muringboje oder vor Anker liegt, müsst ihr immer das Beiboot benutzen, um an Land oder zu einem befreundeten Boot zu kommen. Erstaunlicherweise passieren viele Unfälle mit dem Dingi. Vermutlich liegt das daran, dass die meisten aufhören, wie ein Seemann zu denken, kaum dass der Anker gefallen ist. Doch auch ein Dingi ist ein Boot, und deshalb sollte man wissen, wie man damit umgeht. Zuerst einmal: Sag immer Bescheid, wenn du das Dingi benutzen willst, wann du losfährst und wann du in etwa wieder zurück sein wirst. Steig niemals ohne Schwimmweste ins Beiboot!

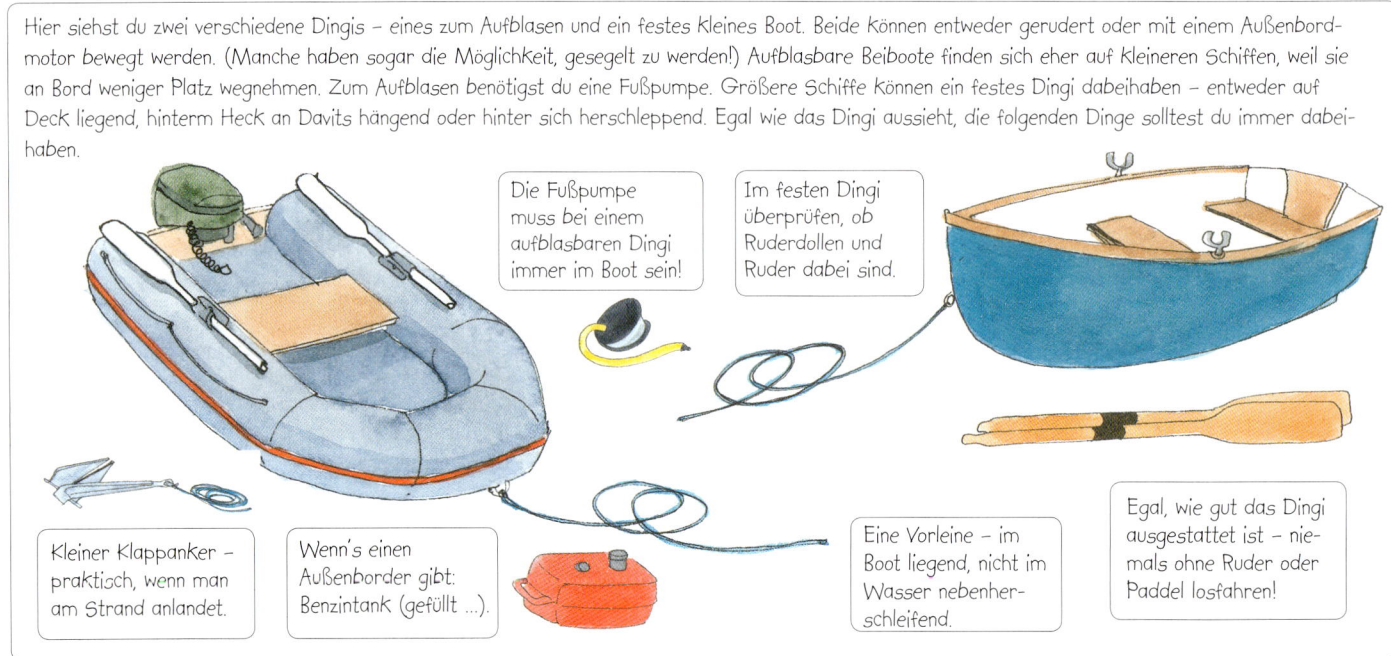

Hier siehst du zwei verschiedene Dingis – eines zum Aufblasen und ein festes kleines Boot. Beide können entweder gerudert oder mit einem Außenbordmotor bewegt werden. (Manche haben sogar die Möglichkeit, gesegelt zu werden!) Aufblasbare Beiboote finden sich eher auf kleineren Schiffen, weil sie an Bord weniger Platz wegnehmen. Zum Aufblasen benötigst du eine Fußpumpe. Größere Schiffe können ein festes Dingi dabeihaben – entweder auf Deck liegend, hinterm Heck an Davits hängend oder hinter sich herschleppend. Egal wie das Dingi aussieht, die folgenden Dinge solltest du immer dabeihaben.

Die Fußpumpe muss bei einem aufblasbaren Dingi immer im Boot sein!

Im festen Dingi überprüfen, ob Ruderdollen und Ruder dabei sind.

Kleiner Klappanker – praktisch, wenn man am Strand anlandet.

Wenn's einen Außenborder gibt: Benzintank (gefüllt ...).

Eine Vorleine – im Boot liegend, nicht im Wasser nebenherschleifend.

Egal, wie gut das Dingi ausgestattet ist – niemals ohne Ruder oder Paddel losfahren!

Kleine Dingis sind kippelig – besonders wenn es Wellen gibt oder wenn du ein aufblasbares Beiboot ohne festen Boden hast. Da musst du aufpassen – dein großes Boot ist viel stabiler!

He, wart auf ...

mich!

Halte dich zum Beispiel an den Wanten fest und steige rückwärts vom großen Boot ins Dingi – und zwar in die Mitte, nicht auf die Seiten oder die Enden!

Versuch dein Dingi gleichmäßig zu beladen ...

... und nicht zu viel auf einmal mitzunehmen! Dann doch lieber zweimal fahren ...

RUDERN. Jeder muss rudern können – auch der beste Außenborder gibt mal seinen Geist auf, oder der eigentliche Dingi-Kapitän hat keine Zeit. Alles, was unter Motor erledigt werden kann, kann auch durch Rudern erreicht werden.

Manchmal ist rudern sowieso die bessere Wahl: Ohne das Knattern des Außenborders zeigen sich leichter mal Tiere. Und du kommst viel weiter in flache Gewässer hinein, ohne um deine Schraube fürchten zu müssen. In Tidengewässern solltest du jedoch vorher die Strömung gecheckt haben!

Okay, nächstes Mal überprüfst DU die Gezeitentafeln!

heehee!

DAS RUDERN LERNEN. Die ersten Versuche bei möglichst ruhigem Wasser und wenig Wind wagen. Kleine Kreise mit deinen Händen verursachen größere Kreise an den Ruderblättern. Sind deine Hände oben, befinden sich die Ruderblätter im Wasser. Sind deine Hände unten, sind die Ruderblätter in der Luft. Versuche schön gleichmäßig die Kreise zu ziehen. Kommst du durcheinander, halte beide Blätter waagerecht zur Wasseroberfläche und beginne erneut.

Wenn du nur mit der rechten Hand ruderst, drehst du dein Boot nach links. Rudern mit der linken Hand dreht das Boot nach rechts.

Wenn du schneller oder kräftiger rudern willst, lehn dich mit dem Rücken nach hinten, während du die Ruder zu dir ziehst. Die Kreisbewegung sollte dennoch möglichst klein bleiben! Tauchen die Ruderblätter zu tief ein, kostet es zu viel Kraft, sie durchs Wasser zu ziehen.

Am Anfang ist es ungewohnt, rückwärts zu fahren. Ein regelmäßiger schneller Blick über die Schulter hilft dir, dich zurechtzufinden und Entfernungen einzuschätzen. Bedenke: Segelboote haben Vorfahrt vor Ruderern! Auch auf Schwimmer musst du achten.

Denk dran: Beim Rudern sitzt man immer mit dem Rücken zum Bug!

Warum rückwärts fahren? Es kostet viel weniger Kraft, die Ruderblätter durchs Wasser zu ziehen statt zu drücken!

AM BOOT ANLEGEN – Leg immer gegen Wind oder Strom an, dann wirst du automatisch gebremst. Wenn es eine Badeplattform am Heck gibt, leg dort an, ansonsten wähle das Mittschiff.

Gleite langsam auf einen Fender zu und nimm das bordseitige Ruder in dein Boot. Ein kleiner Schlag mit dem wasserseitigen Ruder drückt dich ans große Boot.

Nimm deine Vorleine in die Hand und steige vorsichtig von der Dingimitte aus auf das große Boot über. Sobald du sicher an Bord bist, belege deinen Festmacher.

Die Ruder sollten sicher auf dem Boden des Dingis liegen.

SICHERHEIT BEIM RUDERN. Rudern ist eher langsam, was eigentlich kein Problem darstellt. Bei etwas mehr Wind oder Strömung sieht das natürlich ein bisschen anders aus. Gerade Strömung kann heftig sein – in Flüssen solltest du daher schnell in Ufernähe kommen, wo es immer ein bisschen weniger strömt.

Überlege dir, ob du gegen die Strömung anrudern kannst – und bedenke, dass die Tide irgendwann wechselt!

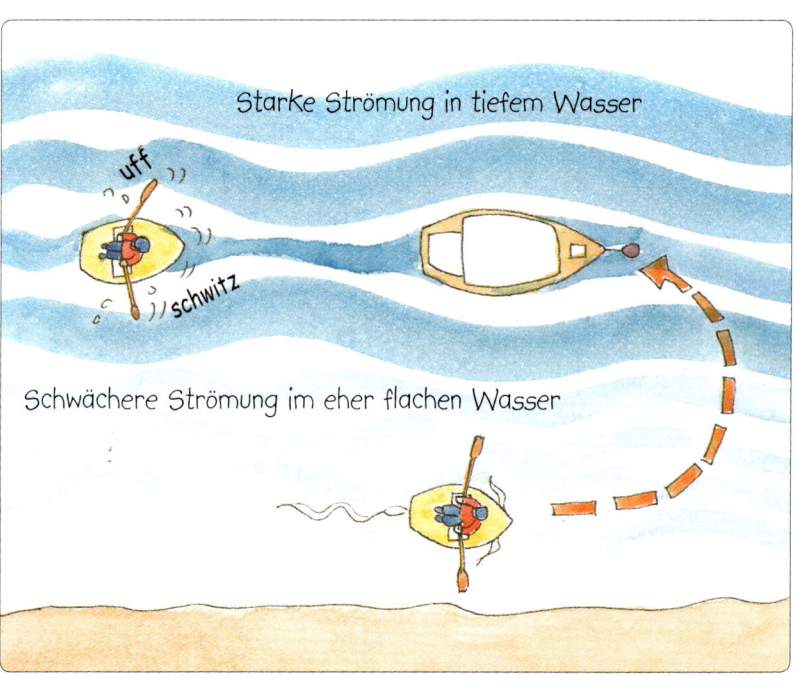

Starke Strömung in tiefem Wasser

uff
schwitz

Schwächere Strömung im eher flachen Wasser

Mit 2 Knoten gegen eine Strömung gerudert ...

... die mit 3 Knoten fließt, heißt mit einem Knoten rückwärts fahren!

Wenn der Wind zu stark weht, um gegenan zu rudern (passiert schnell bei leichten Dingis), versuch schnellstmöglich ins flache Wasser zu kommen – dort kannst du aussteigen und dein Boot auch gegen den Wind zum Ziel ziehen.

Das funktioniert allerdings nur bei sandigem Untergrund. Nicht im Watt, auf spitzen Steinen oder bei Modder versuchen!

Wenn du seitlich gegen eine starke Strömung rudern musst, musst du vorhalten (siehe Seite 68), um dein angepeiltes Ziel zu erreichen. Such dir eine Landmarke, die du während des Ruderns anpeilen kannst.

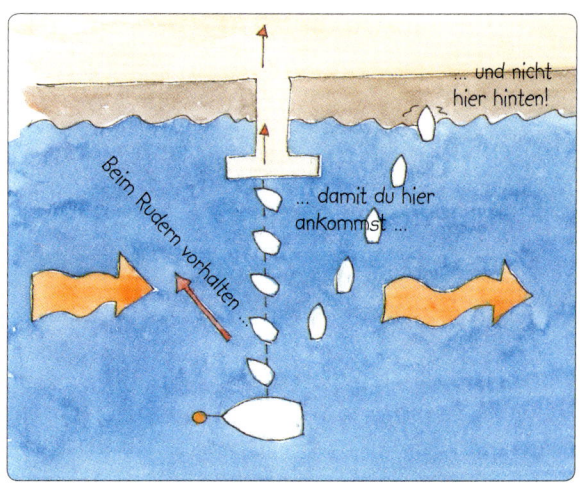

... und nicht hier hinten!

Beim Rudern vorhalten ...

... damit du hier ankommst ...

Solltest du mal ein Ruder verlieren, lehn dich nicht zu weit auf die Seite, um es wieder einzufangen, sonst landest du im Wasser.

Bei längeren Touren mit dem Dingi ist ein Außenborder mehr als nützlich. Aber auch hiermit will der Umgang gelernt sein! Mal sehen, wie's geht ...

Nimm lieber das verbleibende Ruder, setz dich etwas nach vorne und benutz es als Paddel!

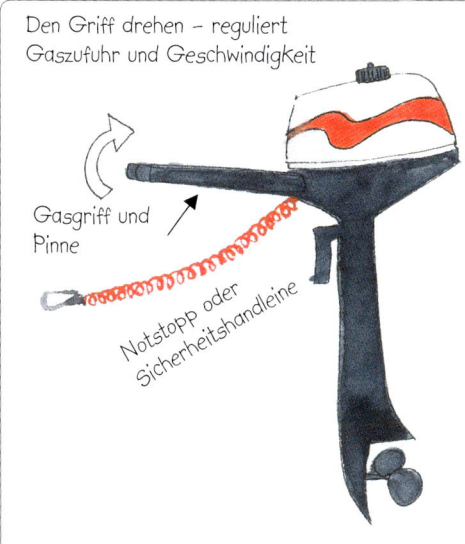

Den Griff drehen – reguliert
Gaszufuhr und Geschwindigkeit

Gasgriff und
Pinne

Notstopp oder
Sicherheitshandleine

Ein kleiner AUSSENBORDER wird mit einer kurzen Pinne gesteuert, die den gesamten Motor dreht. Besonders am Anfang macht man viel zu große Bewegungen – dabei reichen meist ganz kleine Richtungsänderungen an der Pinne, um das Boot zu drehen. Der Pinnengriff ist übrigens gleichzeitig der Gashebel.

Bevor du losfährst, solltest du immer sicher sein, genug Benzingemisch im Tank zu haben. (Und natürlich zwei Ruder zur Sicherheit im Boot!) Dann beginn mit wenig Gas und geringer Geschwindigkeit.

Wenn der Außenborder einen Notstopp (Sicherheitshandleine) hat, befestige ihn an deiner Schwimmweste oder deinem Handgelenk. Solltest du über Bord fallen, stoppt der Motor automatisch.

Kommst du in die Nähe der Küste, stopp den Motor rechtzeitig und schwenk ihn ins Boot. Du weißt nie, was unter Wasser liegt, riskier keine Kollision mit der Schraube!

Wenn du die Küste verlässt, rudere erst ein Stück hinaus, bevor du den Propeller ins Wasser schwenkst und den Motor startest.

So richtig schnell mit dem Außenborder übers Wasser zu heizen bringt echt Spaß – ist aber leider trotzdem oft eine schlechte Idee. In einem Feld voller Ankerlieger verursacht ein schnelles Dingi eine Menge Schwell – und damit Unruhe, manchmal sogar Gefahr. Überleg einfach, was eine große, unerwartete Welle anrichten kann: Dinge können herunterrutschen und kaputtgehen, beim Kochen kann es zu Verbrennungen kommen, und andere Leute, die gerade ihr Dingi besteigen wollen, könnten ins Wasser fallen. Besonders Schwimmer sind gefährdet.

Gute Seemannschaft bedeutet, ein bisschen vorauszudenken, sich mögliche Situationen vorzustellen und Rücksicht zu nehmen.

Juchuuu!

Dreckspatz!

Auch die Tiere können durch Schwell und Lärm gestresst und gestört werden.

Zu schnelles Fahren ist übrigens nicht nur für andere unangenehm – besonders kleine, leichte Dingis können dabei auch sehr schnell

VERMEIDE ANDERE BOOTE

Egal, ob du dein Dingi ruderst, segelst oder mit Außenborder fährst – fahre an ankernden oder an einer Muring vertäuten Booten niemals am Bug vorbei (sofern sie am Bug festgemacht sind). Bedenke: Alle Boote richten sich nach Wind und Strom aus. Du wirst also automatisch auf das Boot zugetrieben, wenn du dich am Festmacher befindest. Steuere lieber das Heck an – Wind und Strom werden dich eher vom Boot wegschieben, sodass eine Kollision automatisch verhindert wird.

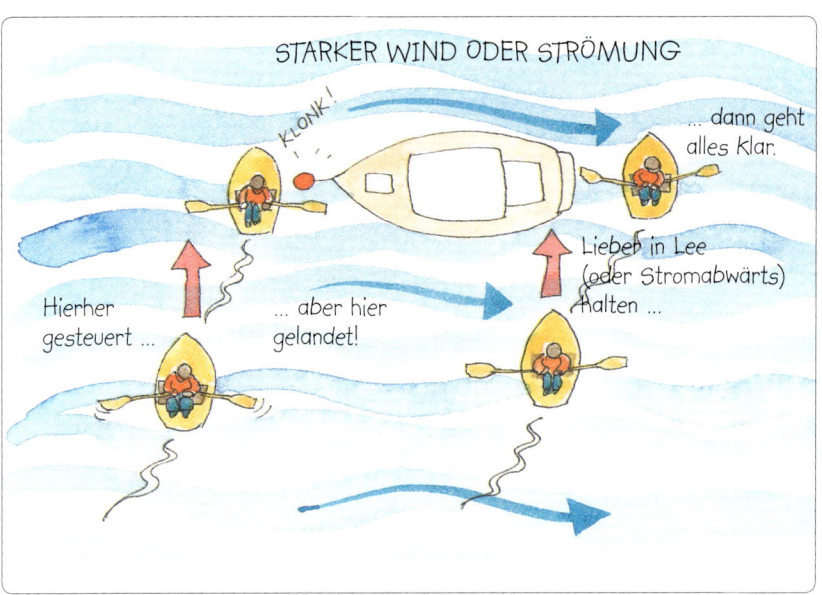

STARKER WIND ODER STRÖMUNG

KLONK!

... dann geht alles klar.

Hierher gesteuert ...

... aber hier gelandet!

Lieber in Lee (oder Stromabwärts) halten ...

Sobald du alles über Sicherheit und das Fahren von Dingis gelernt hast, wirst du eine Menge Spaß damit haben – besonders bei heißem Wetter. Schwimmen, Strandleben, auf eigene Faust die Küste (ein Stück weit) erkunden oder picknicken – im Dingi oder am Strand –, gerade das alles macht Fahrtensegeln oder längere Törns so schön!

Wenn du von Bord aus schwimmen gehst, lass einen Fender an einer langen Leine ins Wasser – solltest du mude werden, kannst du dich prima an ihm festhalten.

Denk dran: je tiefer das Wasser, desto stärker die Strömung!

Vielleicht erlauben die Bootseigner dir ja, das Dingi während des Ankerns zu deinem Privatswimmingpool zu machen!

Nach einem Picknick am Strand solltet ihr alles (auch den Müll) wieder mitnehmen, sodass der Platz hinterher genauso aussieht wie vorher (oder sogar noch besser, wenn eure Vorgänger nicht so gründlich waren!).

Lecker! Sandkuchen!

Mit einem Segel-Dingi oder mitgeführten Opti kannst du die Küste super auf eigene Faust erkunden.

Bedenke immer Wellen und Strömung! Zieh dein Dingi weit genug auf den Strand und sichere es – mit Vorleine oder einem kleinen Anker.

TAUSENDBEINE

Was, zum Henker, ist ein Tausendbein?

Auf alten Booten sieht man sie noch: Tausendbeine, die auf Wanten, Stagen oder Dirken sitzen und die Segel vorm Durchscheuern schützen. Gefertigt werden sie in mühsamer Kleinarbeit aus den losen Enden von Tauwerk.

Dieses Kapitel ist voll von losen Enden – nicht von Tauwerk, aber von all den interessanten Dingen, die man schon oft gehört hat oder die einen angehenden Seemann interessieren könnten. Manches ist wirklich praktisch zu wissen, anderes nicht – dafür ist es vielleicht verrückt oder zum Staunen seltsam. Kurz: Dies ist das perfekte Kapitel für die Zeit, wo dir auf einer längeren Überfahrt langweilig ist. Wenn du es gelesen hast, frag doch mal deinen Skipper, ob er alles, was du dann weißt, kennt!

Selbst Schuld, warum sagst du auch dem Kapitän, dass wieder so viele lose Enden rumliegen?

Wörter aus der Seemannssprache im Alltag

Auch in der Alltagssprache gibt es mehr Seemannswörter, als du vielleicht denkst.

Viele Leute **schlagen den falschen Kurs** ein, wenn sie einer falschen oder seltsamen Idee folgen.

Manch einem wird nicht schlecht, sondern **flau** im Magen ... wie die schwachen Winde eben auch flau sind und Flaute heißen.

Und was, wenn **Ebbe in der Kasse** herrscht?
Richtig, dann ist kein Geld mehr da!

Andere bekommen etwas **verklickert**, wenn man ihnen was erklärt – so wie der Verklicker uns die Windrichtung deutlich macht.

Bist du wirklich sicher, dass du fit für eine Atlantiküberquerung bist?

Stell dich nicht so an! Lieber Ebbe an der See als Ebbe im Portemonnaie!

schlurf schmatz

Oh Mann, ich bin schon ganz mall im Kopf!

Hast du schon mal von den **Mallungen** gehört? Das sind die Seegebiete nördlich und südlich vom Äquator, wo es kaum Wind gibt. Zu Zeiten der großen Segelschiffe konnte man wochenlang in diesen Gebieten festhängen. Im Plattdeutschen gibt es das Wort »mall«, was verrückt bedeutet. Vielleicht besteht da ja ein Zusammenhang, weil man bei Windstille schier verrückt werden kann?

Wieso heißt es Backbord und Steuerbord?

In früheren Zeiten wurden die Schiffe mit einer Art Ruder gesteuert, das achtern auf einer Seite des Schiffes festgelascht war – und zwar immer auf der rechten Seite (vermutlich weil die meisten Menschen Rechtshänder sind). Logisch, dass daraus schnell abgeleitet wurde: rechte Seite = Steuerseite = Steuerbord.

»Back« war früher ein gebräuchliches Wort für hinten, im Rücken liegend. Der Steuermann stand oft mit seinem Gesicht zum Steuerruder gewandt. Die andere Seite – in seinem Rücken – war demnach Backbord.

Nein, Dummkopf, ich sagte Fender nach Backbord!

STEUERRUDER

Das Morsealphabet und die internationalen Schlüsselwörter

Auf Seite 71 wurde dir ja schon das Flaggenalphabet gezeigt, zusammen mit den internationalen Schlüsselwörtern. Werden Worte beispielsweise beim Funken mit ihnen buchstabiert, wird es rund um den Erdball von allen verstanden. Ganz schön praktisch also. Früher, in der Zeit ohne Mobiltelefone und Funkanlagen, wurden Morsezeichen gesendet – kurze und lange Schall- oder Lichtsignale, die in bestimmten Reihenfolgen gesetzt wurden. Natürlich wird dies heute kaum noch genutzt, es macht aber durchaus Spaß, ein paar einzelne Buchstaben zu lernen. (SOS beispielsweise kennt fast jeder – aber kannst du auch deinen Namen per Morsezeichen buchstabieren?)

A	·−	Alfa	J	·−−−	Juliett	S	···	Sierra
B	−···	Bravo	K	−·−	Kilo	T	−	Tango
C	−·−·	Charlie	L	·−··	Lima	U	··−	Uniform
D	−··	Delta	M	−−	Mike	V	···−	Victor
E	·	Echo	N	−·	November	W	·−−	Whiskey
F	··−·	Foxtrot	O	−−−	Oscar	X	−··−	X-ray
G	−−·	Golf	P	·−−·	Papa	Y	−·−−	Yankee
H	····	Hotel	Q	−−·−	Quebec	Z	−−··	Zulu
I	··	India	R	·−·	Romeo			

Im Notfall musst du den Namen deines Bootes mit den internationalen Schlüsselwörtern buchstabieren. »SCHLICKRUTSCHER« wäre also »Sierra – Charlie – Hotel – Lima – India – Charlie – Kilo – Romeo – Uniform – Tango – Sierra – Charlie – Hotel – Echo – Romeo«! Uff! Übe es so lange, bis du nicht mehr darüber nachdenken musst!

Warum heißt die Piratenflagge auch »Jolly Roger«?

Eine Geschichte um die berüchtigte schwarze Flagge mit dem Totenkopf und den zwei gekreuzten Knochen geht auf einen britischen Piraten zurück. Er hieß Bartholomew Roberts, war aber besser bekannt als Black Bart. Er war kein »typischer« Pirat – so durften seine Männer nie am Sonntag kämpfen (Black Bart war sehr religiös) und auf seinem Schiff duldete er darüber hinaus keinen Alkohol.

Er liebte ausgefallene, schöne Kleidung. So sah man ihn häufig in einem roten Rock (so hießen damals die etwas längeren Jacken), an den Beinen trug er Seidenstrümpfe und weite Kniebundhosen, und seinen Hut zierte eine Straußenfeder. Daraufhin wurde er von den französischen Mitgliedern seiner Crew »Le jolie rouge« (sprich: le jolli rusch) – »der hübsche Rote« – genannt. Mit der Zeit wurde daraus Jolly Roger (sprich: jolli rodscher) und stand für ihn selbst und für seine Totenkopfflagge, die am Masttopp wehte.

Johoho und 'ne nette Tasse Tee!

Was ist die Äquatortaufe?

Seit jeher gibt es auf den Schiffen eine Zeremonie, sobald sie den Äquator überqueren – auch heute noch! Egal ob auf einer schnellen Regattayacht oder einem luxuriösen Ozeandampfer – irgendeine Form von Zeremonie findet an Bord statt.

Wie witzig, und jetzt soll ich das bestimmt mit kaltem Seewasser auswaschen, wie?

Diejenigen, die schon einmal den Äquator auf einem Schiff überquert haben, verkleiden sich als Meeresgott Neptun und dessen Gehilfen. Dann wird jeder Äquatorneuling vor den Thron gebracht und bekommt mehr oder minder verrückte Aufgaben gestellt, die er zu erfüllen hat. Meist spielt seltsames Essen, schwarzer Humor und ekliges Zeug eine Rolle.

Nimm's locker, wenn du mit kaltem Seewasser eine ganze Tube Senf aus deinen Haaren waschen sollst – denk dir einfach selbst ein paar nette Gemeinheiten aus, die du beim nächsten Mal, wenn du selbst Neptun bist, den »Neuen« als Aufgabe stellst ...

Ohne Eltern auf große Fahrt?

Wenn du weder Eltern noch Freunde hast, die dich längere Zeit mit auf ein Boot nehmen können, gibt es dennoch viele Möglichkeiten, die große weite Salzwasserwelt zu entdecken. Zum Beispiel über Segelorganisationen, die dich auf Boote vermitteln – sofern du älter bist als 12 Jahre.

In Deutschland wendest du dich am besten an den Deutschen Segler-Verband (DSV) oder den

Deutschen Motoryachtverband – beide Organisationen können dir bei deiner Suche (auch nach Segelschulen, über die man ebenfalls gut an einen Törn kommen kann) behilflich sein. Blitzschnell, manchmal sogar nur innerhalb von ein paar Wochen Ferien, wirst du so von der Landratte zum Seebären!

Wenn du nicht nur an modernen Schiffen interessiert bist, sondern auch an historischen oder gar großen alten Windjammern, kann dir ebenfalls leicht geholfen werden. Die »Sail Training Association Germany« (STAG) vermittelt Kojen auf Windjammern – diesen gewaltigen Segelriesen, die beispielsweise auch bei großen Hafengeburtstagen oder -festen (wie der alle zwei Jahre stattfindenden Sail Bremerhaven) mitsegeln. Auch kleinere Oldtimer bieten einzelne Kojen – in Deutschland wie auch viel in Holland. Ein Beispiel dafür sei »Clipper Deutsches Jugendwerk zur See«, die gleich vier Schiffe von um die 30 Meter Länge fahren, auf denen du von Backschaft bis Beidrehen, von Segelsetzen bis Kursbestimmen alles lernen kannst.

Jau jau, wir waren damals gerade vor Tahiti, als der Sturm zuschlug ...

ZU VERKAUFEN

TRAUM VOM MEER

Muss man reich sein, um auf große Fahrt zu gehen?

Definitiv: nein. Du kannst ohne einen Cent um die Welt fahren, sobald du das Seemannshandwerk beherrschst. »Hand gegen Koje« heißt das Zauberwort. Viele Skipper haben zwar eine Yacht, aber keine Crew, die mit ihnen fährt – so sind sie für jede helfende Hand dankbar. Richtig gute Crew wird sogar für ihren Spaß bezahlt ... aber es ist manchmal auch ein ganz schön harter Job!

Auch wenn du dir ein eigenes Boot kaufen willst, musst du kein Millionär sein – ein kleines Gebrauchtboot ist prima, und die Fachzeitschriften oder das Internet sind voll von Angeboten. Der Deutsche Johannes Erdmann, gerade mit der Schule fertig, hat sich beispielsweise ein Schiff bei eBay ersteigert und ist damit ein Jahr über den Atlantik geschippert!

Auch Universitäten oder Hochschulen haben manchmal eigene Schiffe, auf denen du mitsegeln kannst ...

Das möchtest du auch mal? Kein Problem, die STAG vermittelt dir nicht nur Plätze auf deutschen Schiffen, sondern auch international (wenn dein Englisch gut genug ist, schau doch mal unter www.sailtraininginternational.org). Im Anhang dieses Buches findest du noch weitere Adressen.

Was ist ein Türkenbund – und wie mache ich ihn?

Ein Türkenbund ist ein Zierknoten, sehr dekorativ, aber auch praktisch. Oft findest du ihn am Ende einer Pinne oder am Steuerrad, um die Ruder-mittschiffs-Lage anzuzeigen. Auch als Armband wird er gerne getragen. Er ist nicht ganz einfach zu knüpfen, aber gerade auf längeren Törns hast du bestimmt genug Zeit, ihn zu lernen!

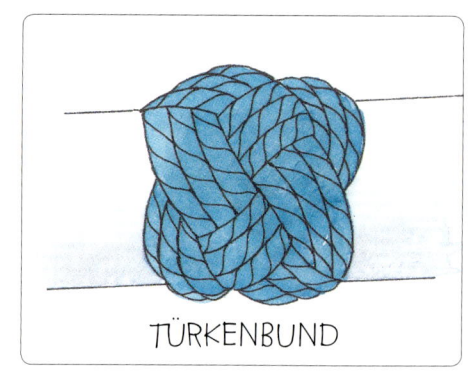

TÜRKENBUND

Wie wird er geknüpft?

Du brauchst ziemlich viel Tauwerk für einen Knoten – nicht zu dick und nicht zu dünn (3 bis 6 mm sind perfekt, je nach Gebrauchszweck). Schau dich doch einfach mal beim Bootsausrüster um und nimm dir ein paar Meter buntes Tauwerk mit. Folge dann der Anleitung Schritt für Schritt – und verzweifle nicht, es ist keine Zauberei, sondern nur eine Frage der Übung!

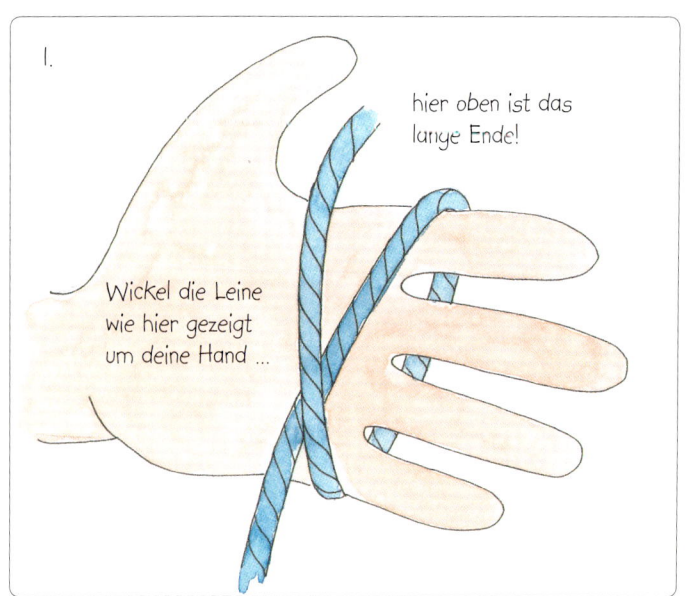

1.

hier oben ist das lange Ende!

Wickel die Leine wie hier gezeigt um deine Hand ...

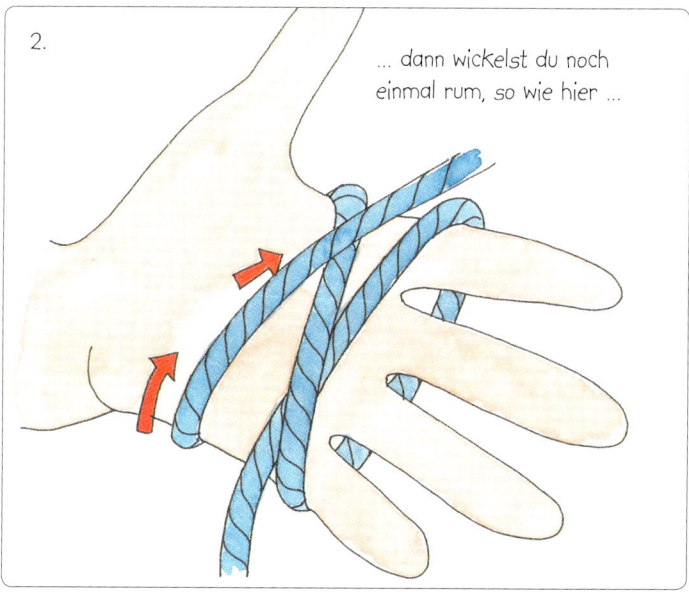

2.

... dann wickelst du noch einmal rum, so wie hier ...

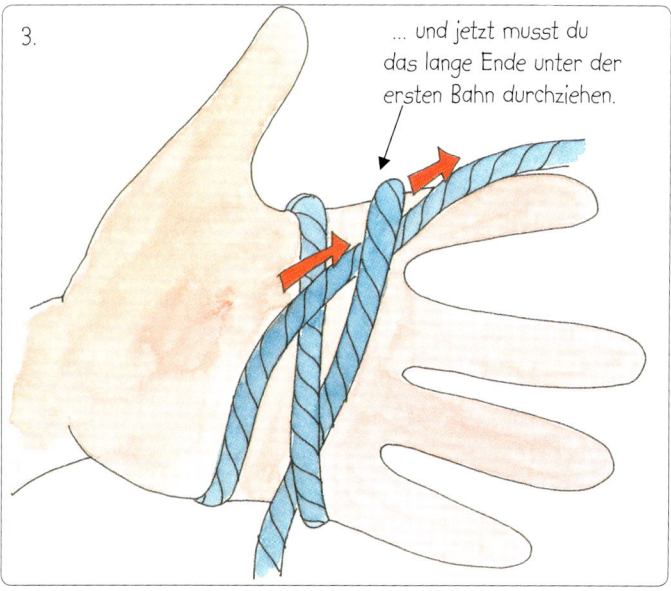

3.

... und jetzt musst du das lange Ende unter der ersten Bahn durchziehen.

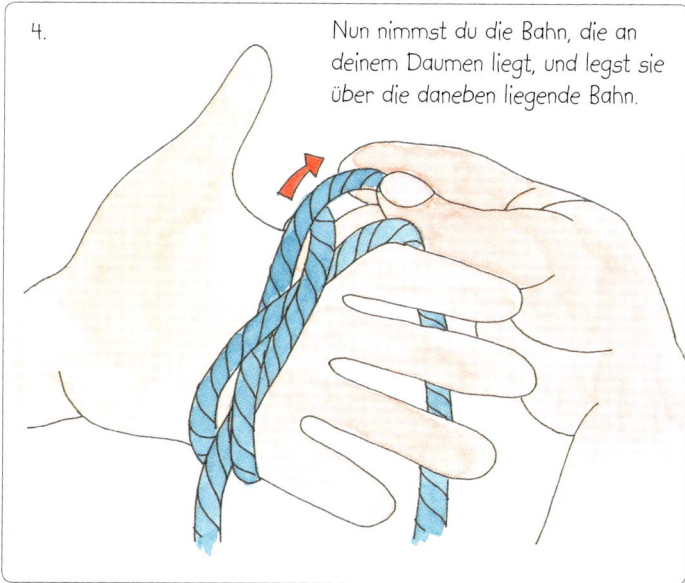

4.

Nun nimmst du die Bahn, die an deinem Daumen liegt, und legst sie über die daneben liegende Bahn.

5. Überprüfe: Sieht dein Werk ebenso aus wie hier?

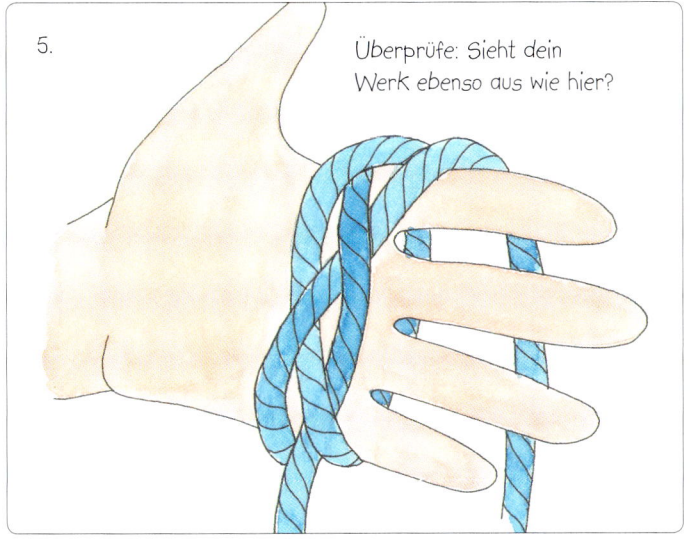

6. Jetzt dreh die Hand ein bisschen zu dir. Mit dem freien Ende gehst du einmal über die Bahn, dann unter der Bahn am Daumen durch, so wie hier.

drunter   drüber

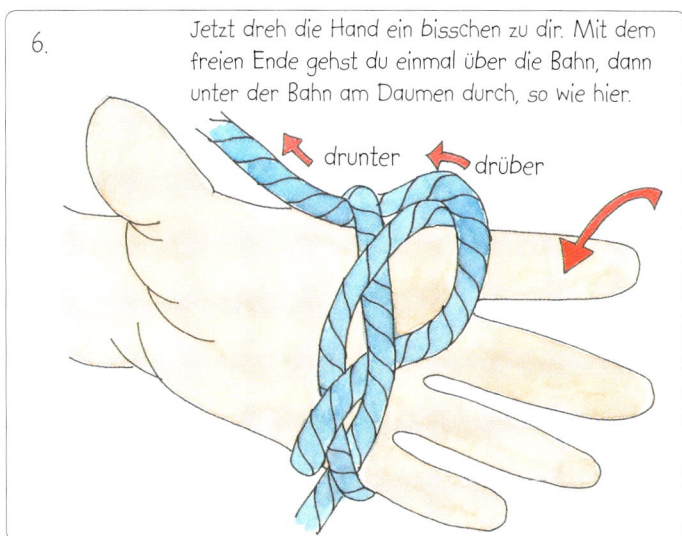

7. Jetzt die Hand ganz umdrehen, sodass du dir den Handrücken anschaust. So sollte es dort jetzt aussehen ...

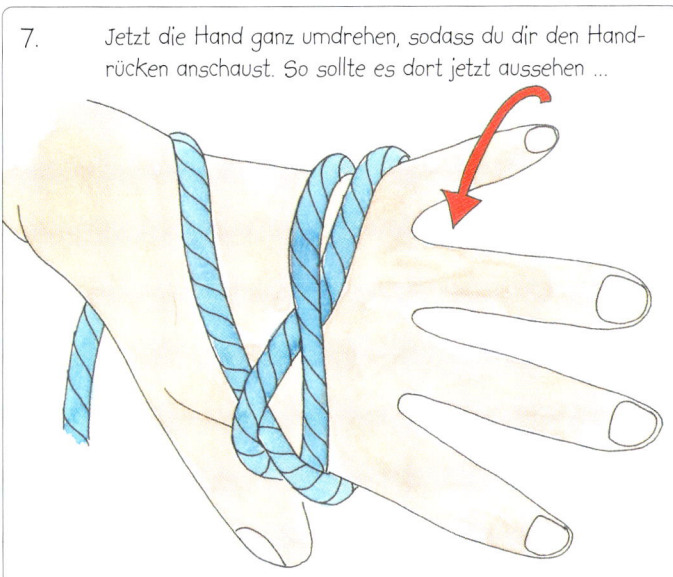

8. ... und wieder geht's mit dem freien Ende drüber und drunter durch (drunter und drüber gäbe keinen Knoten, sondern ein Kuddelmuddel!) ...

drüber   drunter

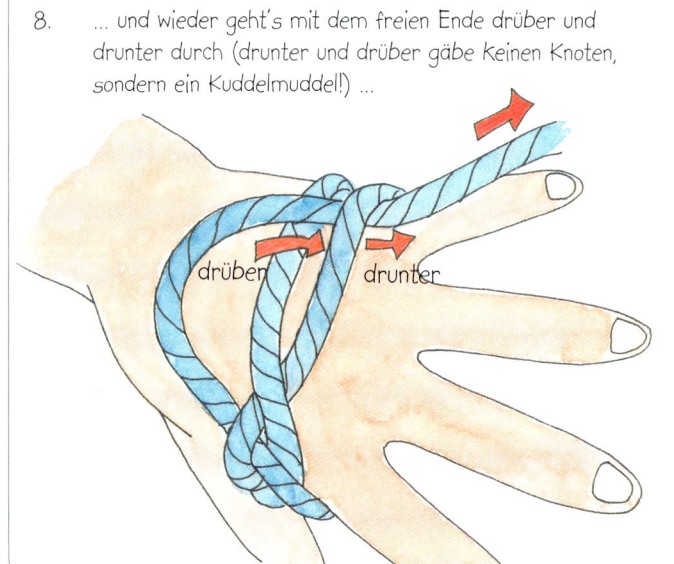

9. Jetzt wieder eine Bahn (die am Handgelenk) über die zweite legen (die dichter an den Fingern liegt), wie du es schon in Schritt 4 getan hast.

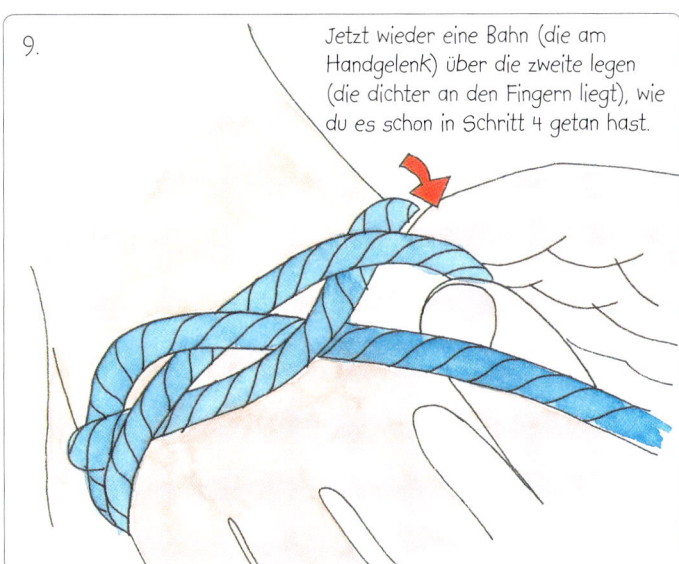

10. Und noch einmal mit dem losen Ende über die eine und unter der zweiten Bahn durch.

drunter

drüber

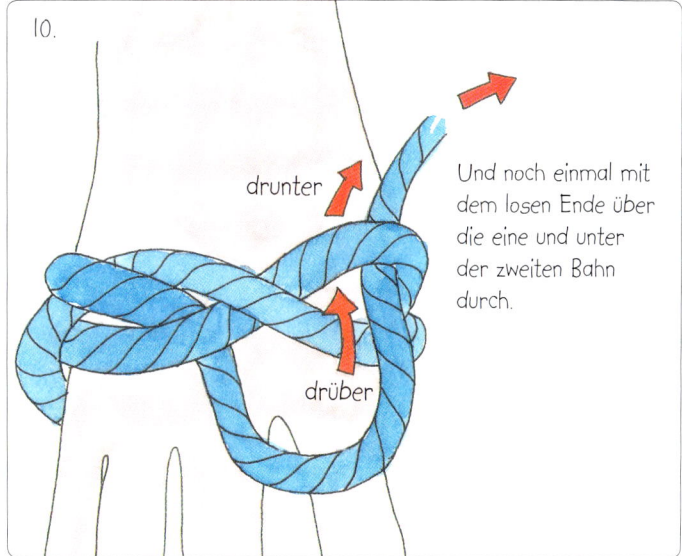

Okay, jetzt hast du's gleich. Erkennst du die Regelmäßigkeit? Es ist ein bisschen wie flechten mit nur einem Band.

Wenn du jetzt ein Kuddelmuddel hast, streif alles ab und beginne von vorn. Ansonsten blättere um ...

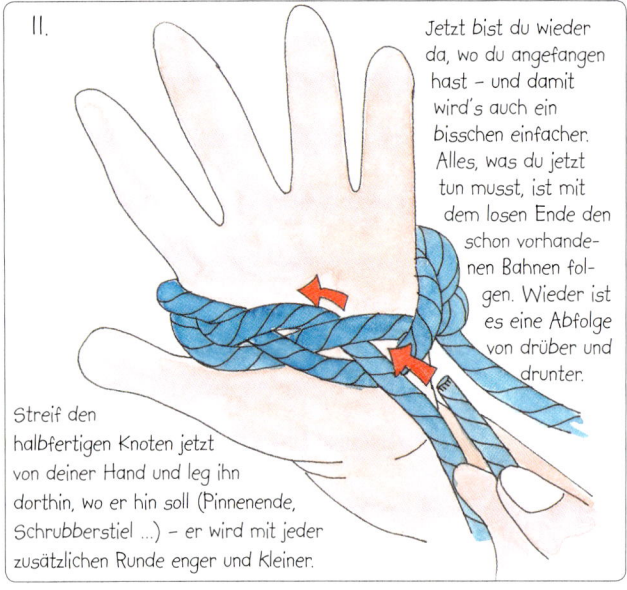

11.

Jetzt bist du wieder da, wo du angefangen hast – und damit wird's auch ein bisschen einfacher. Alles, was du jetzt tun musst, ist mit dem losen Ende den schon vorhandenen Bahnen folgen. Wieder ist es eine Abfolge von drüber und drunter.

Streif den halbfertigen Knoten jetzt von deiner Hand und leg ihn dorthin, wo er hin soll (Pinnenende, Schrubberstiel ...) – er wird mit jeder zusätzlichen Runde enger und kleiner.

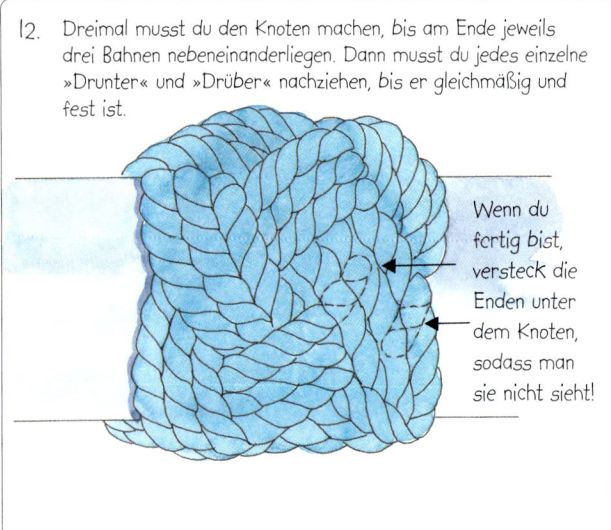

12. Dreimal musst du den Knoten machen, bis am Ende jeweils drei Bahnen nebeneinanderliegen. Dann musst du jedes einzelne »Drunter« und »Drüber« nachziehen, bis er gleichmäßig und fest ist.

Wenn du fertig bist, versteck die Enden unter dem Knoten, sodass man sie nicht sieht!

Ein Türkenbund kann winzig klein sein oder riesengroß – je nachdem, wie dick der Gegenstand ist, an dem du ihn befestigen möchtest, oder welches Tauwerk du nimmst. Natürlich kannst du ihn auch breiter machen als hier gezeigt, indem du einfach noch eine weitere Runde mit dem losen Ende drehst.

Was du hier nachgemacht hast, ist übrigens ein Türkenbund mit fünf Buchten und drei Törns (drei Runden).

Wenn du ein Armband fertigen willst, solltest du die Enden nachher verschweißen (lassen), damit der Knoten nicht wieder aufgeht. Am besten, du machst ihn direkt am Arm, damit er später nicht über die Hand abrutschen kann.

Wie wird aus einem Türkenbund eine Fußmatte?

Wenn du dich umschaust, findest du vielleicht auf dem einen oder anderen Schiff eine Fußmatte oder Ähnliches, das aussieht wie ein platt geklopfter Türkenbund. Um so etwas zu fertigen, musst du nur den Türkenbund nach der ersten vollständigen Runde (nach Schritt 10) abnehmen und flach hinlegen.

Anschließend wie gewohnt fortfahren und mit dem losen Ende den Knoten so oft folgen, wie du möchtest. Anfang und Ende sollten an derselben Stelle liegen und wieder unten versteckt werden. Versuch die Buchten gleichmäßig groß zu halten, damit das Ganze am Ende schön ebenmäßig aussieht!

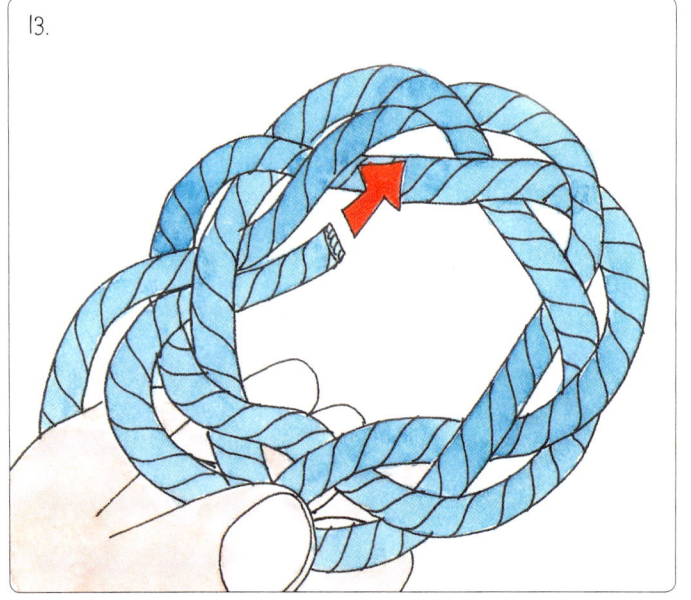

13.

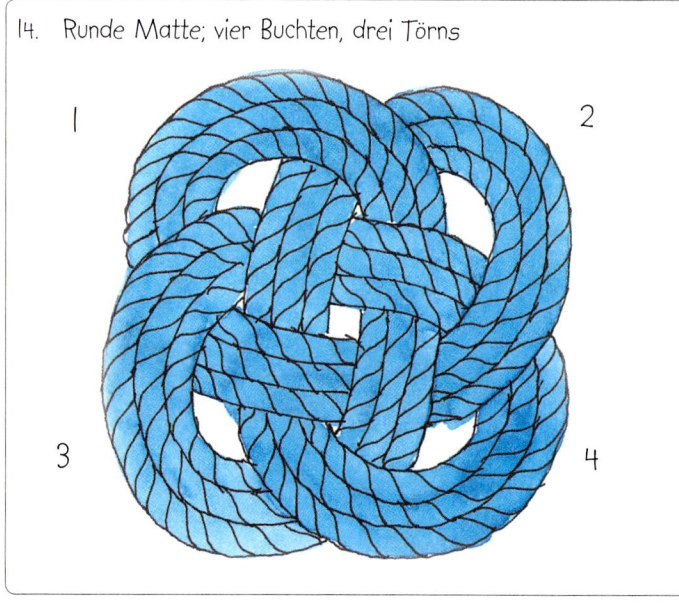

14. Runde Matte; vier Buchten, drei Törns

1

2

3

4

»Joshua« und die Delfine

Es gibt unendlich viele seltsame
Geschichten über die See und
die Seefahrt – hier ist
eine davon ...

Der Franzose Bernard Moitessier ist mit seiner
Ketsch »Joshua« viele Jahre um die Welt gesegelt,
die meiste Zeit einhand, also allein. Einmal, in der
Nähe von Neuseeland, sah er eine Schule von Delfinen,
die sich seltsam benahm. Die Tiere schwammen neben
ihm her und drehten dann nach rechts ab, wobei sie
aus dem Wasser sprangen und Laute von sich gaben,
um seine Aufmerksamkeit zu fesseln.

Nachdem sie dieses Spiel einige Male gespielt
hatten, drehte Moitessier, unsicher geworden, nun
ebenfalls nach Steuerbord ab. Einer der Delfine
sprang daraufhin aus dem Wasser und machte
zwei Salti. Dann schwamm er zusammen mit den
anderen wieder ganz normal für einige Stunden
neben dem Schiff her.

Nachdem Moitessier seine Position überprüft hatte, stellte
er mit Erstaunen fest, dass er vor dem Delfin-Spektakel
vom Kurs abgekommen war. Wäre er nicht dem Hinweis
der Delfine folgend nach Steuerbord abgedreht, wäre er
mit seinem Schiff auf ein Riff gelaufen ...

Seefahrts-Aberglaube

Schon immer waren Seeleute abergläubisch – und viele sind es bis heute.
So sollte es Unglück bringen, wenn ein Schiff an einem Freitag vom Stapel
lief, noch mehr Unglück, wenn man an einem Freitag den Hafen verließ und
am allermeisten Pech, wenn eine Frau an Bord war. Solltest du also ein
weiblicher Seemann sein, gib Befehl, an einem Freitag auszulaufen, und
du wirst sehen – alles Aberglaube! Allerdings bringt es wohl tatsächlich
Unglück, wenn man an Bord pfeift – es ruft den Wind herbei! (Was
natürlich bei Flaute ausgesprochen praktisch sein kann ...)

Hallo, Peter, alles
klar bei dir?

Ja, danke, Skipper,
und selbst?

Albatrosse sind fantastische, riesengroße Vögel, die in den wilden hohen
südlichen Breiten leben. Es hieß, jeder Albatros sei die Verkörperung der Seele eines ertrunkenen Seemanns –
dementsprechend wurden die Vögel stets mit großem Respekt behandelt, und es galt als Riesenunglück, wenn
einmal ein Albatros getötet wurde. Heute reicht der Aberglaube leider nicht mehr aus, Albatrosse werden
immer weniger und drohen auszusterben. Wie du sie schützen kannst, erfährst du unter anderem im Internet
(Adressen im Anhang).

EINMAL UM DIE WELT SEGELN ...

Mehr als zwei Drittel unserer Erde sind von Wasser bedeckt – wie gemacht für echte Seemänner, auch wenn ab und zu diese großen Brocken Land im Weg liegen. Schau dir einen Globus oder eine Weltkarte an, speziell den Pazifischen Ozean. Ist es nicht Wahnsinn, wie viel Wasser das ist?

Nun betrachten wir die Karte mit den Augen eines Seglers. Mit dem richtigen Boot (was nicht unbedingt heißt: mit einem richtig großen Boot!) und genug Zeit kannst du all dieses Wasser im wahrsten Sinne des Wortes »erfahren« ...

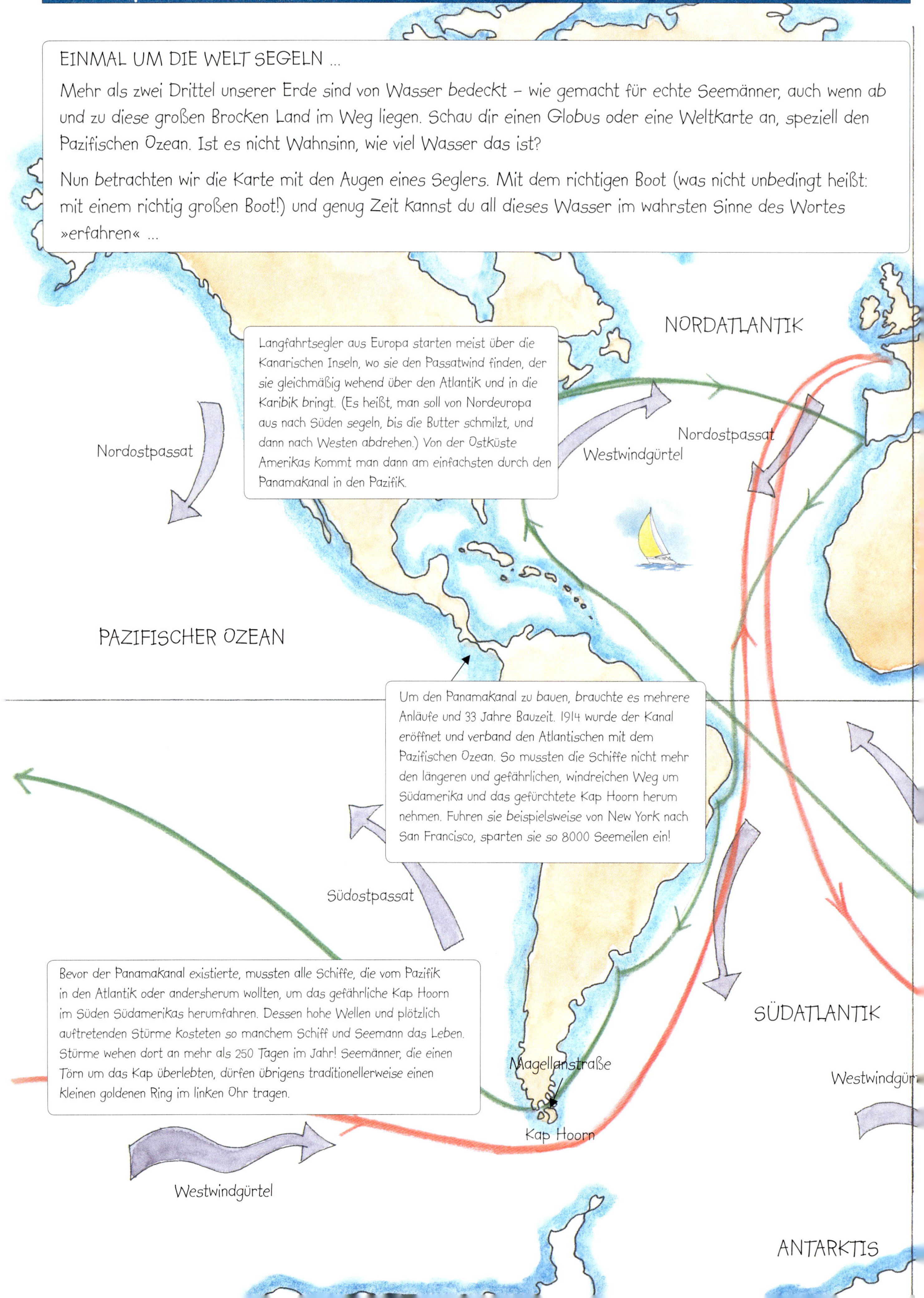

NORDATLANTIK

Langfahrtsegler aus Europa starten meist über die Kanarischen Inseln, wo sie den Passatwind finden, der sie gleichmäßig wehend über den Atlantik und in die Karibik bringt. (Es heißt, man soll von Nordeuropa aus nach Süden segeln, bis die Butter schmilzt, und dann nach Westen abdrehen.) Von der Ostküste Amerikas kommt man dann am einfachsten durch den Panamakanal in den Pazifik.

Nordostpassat

Nordostpassat

Westwindgürtel

PAZIFISCHER OZEAN

Um den Panamakanal zu bauen, brauchte es mehrere Anläufe und 33 Jahre Bauzeit. 1914 wurde der Kanal eröffnet und verband den Atlantischen mit dem Pazifischen Ozean. So mussten die Schiffe nicht mehr den längeren und gefährlichen, windreichen Weg um Südamerika und das gefürchtete Kap Hoorn herum nehmen. Fuhren sie beispielsweise von New York nach San Francisco, sparten sie so 8000 Seemeilen ein!

Südostpassat

Bevor der Panamakanal existierte, mussten alle Schiffe, die vom Pazifik in den Atlantik oder andersherum wollten, um das gefährliche Kap Hoorn im Süden Südamerikas herumfahren. Dessen hohe Wellen und plötzlich auftretenden Stürme kosteten so manchem Schiff und Seemann das Leben. Stürme wehen dort an mehr als 250 Tagen im Jahr! Seemänner, die einen Törn um das Kap überlebten, dürfen übrigens traditionellerweise einen kleinen goldenen Ring im linken Ohr tragen.

SÜDATLANTIK

Westwindgür

Magellanstraße

Kap Hoorn

Westwindgürtel

ANTARKTIS

DER ERSTE EINHAND-WELTUMSEGLER

1895 setzte der Amerikaner Joshua Slocum auf seiner gut 10 Meter langen Ketsch »Spray«
die Segel und umsegelte als Erster einhand die Welt. Mit nur 2 $ in der Tasche startete
er sein Unternehmen und verdiente unterwegs durch Reiseberichte und Eintrittsgelder für
die Besichtigung seines Schiffes Geld. Nach drei Jahren und zwei Monaten erreichte er
gesund und sicher wieder seinen Heimathafen Boston. – Und das in einer Zeit ohne Funk,
Satellitennavigation oder Selbststeueranlagen!

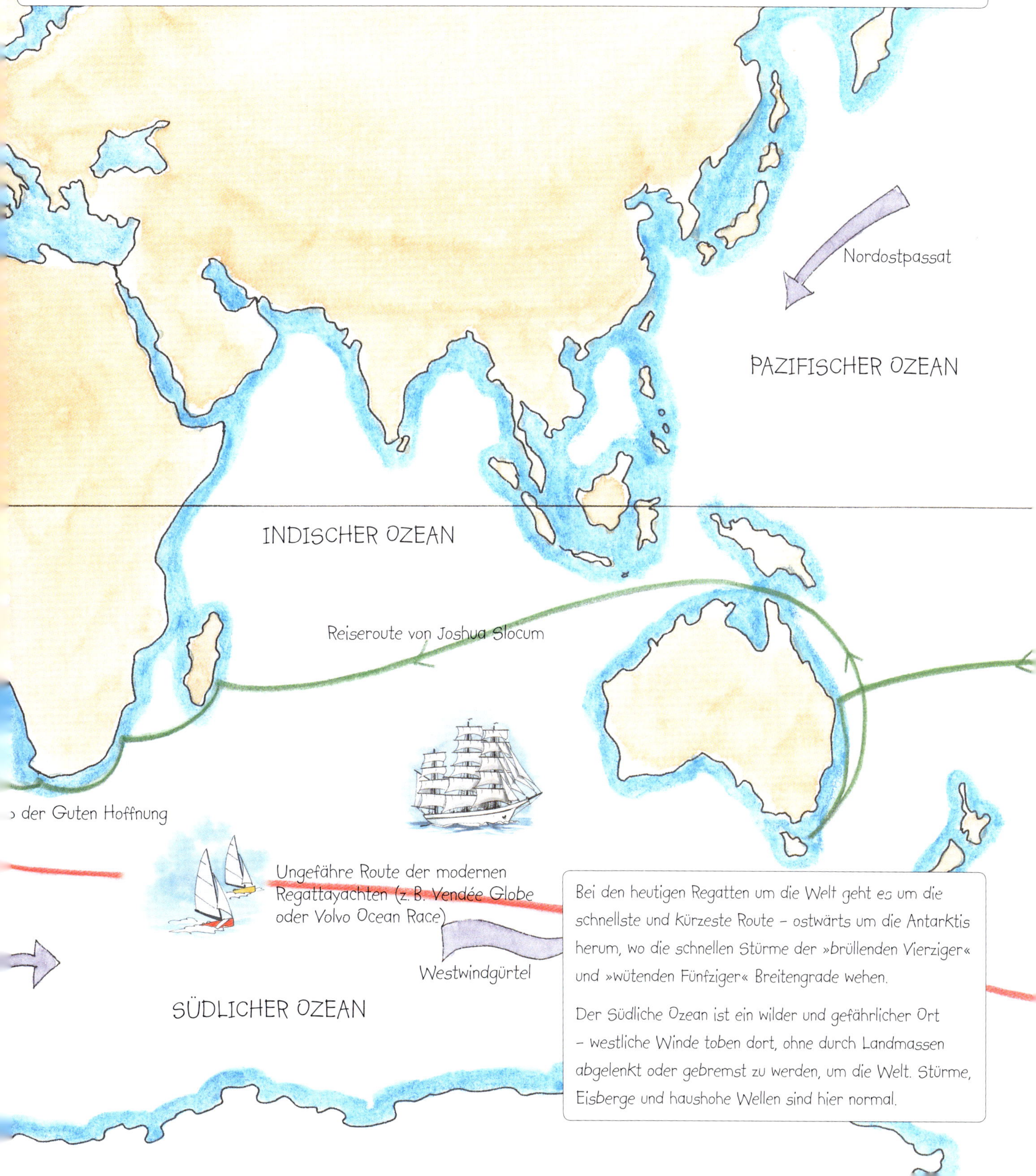

Nordostpassat

PAZIFISCHER OZEAN

INDISCHER OZEAN

Reiseroute von Joshua Slocum

der Guten Hoffnung

Ungefähre Route der modernen
Regattayachten (z. B. Vendée Globe
oder Volvo Ocean Race)

Westwindgürtel

SÜDLICHER OZEAN

Bei den heutigen Regatten um die Welt geht es um die
schnellste und kürzeste Route – ostwärts um die Antarktis
herum, wo die schnellen Stürme der »brüllenden Vierziger«
und »wütenden Fünfziger« Breitengrade wehen.

Der Südliche Ozean ist ein wilder und gefährlicher Ort
– westliche Winde toben dort, ohne durch Landmassen
abgelenkt oder gebremst zu werden, um die Welt. Stürme,
Eisberge und haushohe Wellen sind hier normal.

Was macht eine gute Crew aus? Dass du ...

weißt, wie jedes Teil an Bord heißt und wofür es da ist

die Schiffsposition regelmäßig ins Logbuch einträgst

unter Deck alles seesicher und ordentlich verstaust

rechtzeitig zur eigenen Wache erscheinst

herumliegende Leinen ordentlich aufschießt und
Knoten machst, die wirklich halten
(und sich wieder lösen lassen)

immer an die eigene Sicherheit denkst –
niemals ermahnt werden musst,
Rettungsweste oder Sicherheitsleine
anzulegen

etwas genau dann tust, wenn es
notwendig ist

lernst, wie man Kollisionen
(Zusammenstöße) vermeidet

beim Segelsetzen und -trimmen hilfst

beim Rudergehen immer auf Kurs
bleibst und geradeaus steuerst

ein guter Ausguck bist

Spaß hast!

*Danach wirst du die See kennen ... und niemals
vergessen, dass sie zum Segeln da ist.*
Joshua Slocum

YOU MUST THEN KNOW THE SEA ... AND NOT
FORGET IT WAS MEANT TO BE SAILED OVER
JOSHUA SLOCUM

Abfallen	vom Wind wegsteuern
Achterliek	hintere Kante des Segels
Achtern	hinter dem Boot
Achterstag	spannt den Mast nach hinten ab
Anderthalb Rundtörn mit zwei halben Schlägen	sinnvoller Knoten, um das Schiff zu vertäuen
Anker	hält das Boot im Wasser am Platz – weil er schwer ist und sich im Meeresgrund eingräbt
Anluven	zum Wind hinsteuern
Aufschießer	das Boot abstoppen, indem man es mit losen Schoten direkt in den Wind dreht
Ausreitgurt	Gurt, in den man die Füße klemmen kann, um sich selbst möglichst weit nach außen lehnen zu können, damit das Boot aufrecht und damit schnell segelt
Außenborder	Motor, der außen am Boot oder Dingi befestigt wird (im Gegensatz zum Innenborder oder zur Einbaumaschine)
Autopilot	»Elektronischer Steuermann«
Back	»Back halten« bedeutet, die Fock in oder nach einer Wende nicht auf die richtige Seite zu holen, sie steht in Luv
Backbord	linke Seite, wenn man vom Boot aus nach vorne schaut – rot
Barometer	misst den Luftdruck; Instrument, das bei der Wind- und Wettervorhersage hilft
Baum	waagerechte Spiere, die das Großsegel nach unten hält
Baumniederholer	hält den Baum nach unten
Beaufortskala	Tabelle zur Einstufung der Windstärke und Wellenhöhe. Reicht von 1 (nahezu windstill) bis 12 (Orkan)
Block	ein Flaschenzug, um beispielsweise das Segel leichter zu setzen
Breitengrad	gedachte Linien, die die Weltkugel parallel von Ost nach West umfassen
Bug	vorderes Ende des Bootes
Bugkorb	Metallgestänge am Bug, setzt die Reling fort
Bugstrahlruder	Kleiner Motor und Propeller, der quer zum Bug im Rumpf sitzt und bei Manövern hilft
Bulle, Bullenstander, Bulltalje	Leine, die ein unfreiwilliges Überschwenken des Baumes verhindert
Crew	jeder an Bord eines Bootes – außer dem Kapitän, versteht sich
Dichtholen	das Segel so sehr in die Mitte des Bootes geholt, wie es nur geht
Dirk	Leine, die den Baum nach oben hält (speziell, wenn das Großsegel nicht gesetzt ist)
Doppelschrauber	Motorboot mit zwei Motoren (Zwillingsmotoren)
Durchkentern	das Boot komplett umkippen, sodass der Mast zum Grund zeigt
Ebbe	abfließendes (»abfließend«) Wasser
Echolot	elektronisches Gerät, das die Wassertiefe angibt
Elektronische Seekarte	vereinigt Seekarte und GPS-Navigator und gibt dir so auf einem Bildschirm immer deine exakte Position an

ANKER

Fall	Leine, mit der das Segel gesetzt werden kann
Fender	Plastikwurst oder -ball, der das Scheuern des Bootes am Steg oder an einem anderen Boot abpuffert
Festmacher	Leine, mit der das Boot an Land oder an einer Boje befestigt wird
Fieren	ein Tau (z. B. die Schot) vorsichtig locker lassen
Flut	auflaufendes (»auflaufend«) Wasser
Flybridge	offener, hoch gelegener Steuerstand auf Motorbooten
Fock	Vorsegel
Fockschot	kontrolliert den Trimm der Fock
Funken	ein Weg, um mit anderen Schiffen oder auch bestimmten Landstationen zu sprechen – wichtig in Notfällen
Fußleiste	äußerste Kante an Deck – prima zum Zehenstoßen, aber auch als Sicherheit, damit nichts über Bord rutscht.
Gennaker	leichtes, asymmetrisch geschnittenes, riesengroßes Vorsegel
Geografisch Nord	die Richtung, in der der geografische Nordpol liegt
Gezeiten	Ebbe und Flut
GPS	Global Positioning System – satellitengestütztes Navigationssystem
Greenwich-Breitengrad	Nullmeridian – der Breitengrad, der durch Greenwich (bei London) führt
Großschot	kontrolliert den Trimm des Großsegels
Großsegel	Hauptsegel, wird am Mast gefahren
Halb Wind segeln	Segeln mit dem Wind genau von der Seite
Hals	unteres, vorderes Dreieckende beim Segel
Halsen	das Heck durch den Wind drehen
Heck	hinteres Ende des Bootes
Heckkorb	Metallgestänge um das Achterschiff, setzt dort die Reling fort
Hoch am Wind segeln	so weit wie möglich in die Richtung steuern, aus der der Wind kommt
Hochdruckgebiet	Wettersystem mit hohem Luftdruck – meist freundlich und beständig
Hochwasser	Wasserstand nach der Flut
Isobaren	Linien gleichen Luftdrucks in der Wetterkarte
Kardanische Aufhängung	sorgt dafür, dass ein Gegenstand (z. B. der Kompass oder der Herd) immer waagerecht bleibt – auch wenn das Boot schräg liegt
Kardinalzeichen	Tonnen, die auf Gefahren im Wasser aufmerksam machen
Kartennull	Angabe auf der Seekarte zur Wassertiefe – gibt die tiefste Wassertiefe in einem Gewässer an (Springniedrigwasser im Tidengewässer)
Katamaran	Boot mit zwei Rümpfen
Kentern	das Boot umkippen
Kiel	unteres Teil des Bootes; Unter-Wasser-Gegengewicht zum Winddruck im Segel

Klampe — Befestigungsmöglichkeit für Taue, beispielsweise Schoten, Fallen oder Festmacher

KLAMPE

Klemme — ebenfalls eine Befestigungsmöglichkeit für Taue. Nicht ganz so haltbar wie das Belegen auf einer Klampe, dafür aber schneller zu lösen

Knoten — (1) macht man in eine Leine, oder (2) Maß für die Geschwindigkeit (Seemeilen pro Stunde)

Kombüse — Küche an Bord eines Schiffes

Kompass — wichtig zur Bestimmung des Kurses; die Kompassnadel weist immer nach Norden

Kompassrose — zeigt die Himmelsrichtungen in Gradzahlen

Kopf — obere Spitze des Segels

Kopfschlag — abschließender Knoten, mit dem die Leine beim Belegen einer Klampe vorm unbeabsichtigten Lösen gesichert wird

Kreuzen — im Zickzack gegen den Wind ansegeln

Kreuzknoten — verbindet zwei gleich starke Leinen

Längengrad — gedachte Linien, die die Weltkugel vom Nordpol zum Südpol umfassen (wie eine zum Schälen eingeritzte Orange)

Laufendes Gut — all die Schoten, Fallen usw., die im Rigg beweglich sind

Lee — nach dieser Seite weht der Wind

Leesegel — meist aus schwerem Segeltuch gemacht, wird an der offenen Seite deiner Koje gespannt, sodass du auch bei Seegang nicht herausfallen kannst

Legerwall — die Küste, die sich in Lee befindet – der Wind weht also auf sie zu. Gefährlich, wenn dein Boot vor ihr ankert (»auf Legerwall ankert«), weil der Wind dein Boot, sollte der Anker nicht halten, auf die Küste setzt

Liek — seitliche Kanten des Segels

Lifebelt — kann mit »Überlebensgurt« übersetzt werden – ist oft in der Schwimmweste integriert, hieran wird deine Sicherheitsleine befestigt, mit der du dich bei schwerem Wetter oder nachts an Deck sicherst

LIPPKLAMPE

Lippklampe — Metallstück, über das eine Leine ohne zu scheuern über die Reling geführt wird

Logbuch — Schiffstagebuch – hier werden vom Navigator oder Wachführer regelmäßig Position, Wetter und Kurs eingetragen

Luv — von dieser Seite weht der Wind

Magnetisch Nord — die Richtung, in der der magnetische Nordpol liegt

Mast — senkrechte Spiere, an der die Segel gesetzt werden

Meteorologie — Lehre vom Wetter. Meteorologen bemühen sich Tag für Tag, uns das Wetter vorherzusagen

Mittschiff — der mittlere Bereich des Schiffes (von der Seite betrachtet)

Nationale — Flagge, die die Nationalität eines Bootes anzeigt (wird meist am Heck gesetzt)

Niedergang — Einstieg ins Schiffsinnere, meist über eine Leiter

Niedrigwasser	Wasserstand nach der Ebbe
Nippzeit	Tide mit geringem Ausmaß, immer bei Halbmond
Notstopp	Leine, die am einen Ende am Starter des Außenborders befestigt ist und am anderen am Steuermann. Fällt dieser über Bord, geht der Motor automatisch aus
Päckchenlieger	Boote, die im Hafen aneinander festgemacht sind (z. B. wenn nicht genug Platz für alle am Steg oder an der Pier ist)
Palstek	Knoten, der eine feste Schlinge ergibt
Pinne	ist am Ruder befestigt, damit steuert man das Boot
Rad	(Steuerrad, Ruderrad) auf manchen Schiffen statt einer Pinne – über Drähte oder Stangen mit dem Ruder verbunden – damit steuert man das Boot
Radar	elektrische Navigationshilfe – zeigt Gebilde (z. B. andere Schiffe) und Umrisse der Küste; besonders hilfreich nachts oder im Nebel
Raumschot segeln	Segeln mit dem Wind leicht von hinten
Rechtdrehend	Wind, der rechtsherum wandert, z. B. von Nord auf Ost dreht
Ree	Kommando des Steuermanns in einer Wende
Reffen	die Segelfläche verkleinern
Regatta	Wettfahrt auf dem Wasser
Relingsdraht	wird durch oder über die Relingsstützen gezogen und ist eine Art Zaun, der dich vorm Über-Bord-Fallen schützen soll
Relingsstützen	eine Art senkrechter Zaunpfähle rund ums Schiff
Rettungsboje	hilft einer Person im Wasser. A) zum Festhalten, b) um besser von Bord aus gesichtet und aufgepickt werden zu können
Rettungsinsel	aufblasbares Rettungsfloß aus Gummi, das in einem Behälter verpackt an Deck gelagert ist und sich nach Betätigung einer Reißleine selbsttätig aufbläst
Rettungsweste	hilft einer Person im Wasser, indem sie sie immer auf den Rücken dreht, sodass das Gesicht aus dem Wasser schaut
Rückdrehend	Wind, der gegen den Uhrzeigersinn dreht, beispielsweise von Nord auf West
Ruder	1) Kurzbezeichnung für die gesamte Ruderanlage zum Steuern eines Boots und die drehbare, blattartige Fläche hierzu unter dem Heck. Damit hält man also das Boot auf Kurs; 2) lange Stecken zum Rudern eines kleinen Bootes
Ruderdollen	Aufnahmen für die Ruder (auf Dingis)
Rund achtern!	Ruf des Steuermanns bei einer Halse, damit alle gewarnt sind, dass gleich der Baum auf die andere Seite schwenkt
Rundtörn mit zwei halben Schlägen	Knoten, z. B. zum Festmachen des Bootes

PALSTEK

RUDERROLLEN

SCHÄKEL

Schäkel	handlicher verschließbarer Metallbügel
Schlingerleiste	Leiste an Tischen oder Arbeitsplatten, die verhindert, dass Dinge über die Kante rutschen können
Schot	Leine, mit der das Segel geführt wird
Schothorn	Loch am hinteren, unteren Ende des Segels
Schotstek	Knoten zum Verbinden zweier ungleich starker Leinen
Schwert	wird unter dem Boot gefahren, um das seitliche Abtreiben zu verhindern. Kann aufgeholt und abgesenkt werden
Schwimmhilfe	sieht aus wie eine kleinere Rettungsweste, ist aber nicht so sicher; nur für Leute geeignet, die selbst schwimmen können!
Seekarte	Karte für Seefahrer, die hauptsächlich alle wichtigen Angaben zur Navigation (bspw. Seezeichen) enthält
Segeltrimm	die Segel in der bestmöglichen Position zum Wind halten
Selbststeueranlage	automatisches Steuersystem (elektrisch oder über den Wind gelenkt)
Sicherheitsleine	verbindet dich mit dem Boot – sofern du beide Enden richtig befestigt hast (eins an dir bzw. deiner Rettungsweste/Lifebelt, das andere am Schiff)
Skipper	Kapitän oder einfacher: der Boss!
Spinnaker	leichtes, symmetrisch geschnittenes, riesengroßes Vorsegel
Spring	Festmacherleinen, die von vorne (Vorspring) und hinten (Achterspring) in Höhe des Mittschiffs an Land befestigt werden
Springzeit	Tide mit großem Ausmaß (also besonders hohes Hochwasser und besonders niedriges Niedrigwasser); entsteht bei Vollmond oder Neumond
Stage	Drähte, die den Mast nach vorne und hinten abspannen und halten
Stagreiter	damit wird das Segel (meist das Vorsegel) am Stag befestigt
Stander	Wimpel, der am Mast gesetzt zeigt, welchem Wassersportverein du angehörst
Stehendes Gut	all die Drähte und Taue im Rigg, die unbeweglich sind (z. B. Stagen und Wanten)
Steuer	Pinne oder Ruderrad
Steuerbord	rechte Seite, wenn man vom Boot aus nach vorne schaut – grün
Steuermann	derjenige, der das Boot steuert
Strecktaue	Leinen, die bei Sturm an Deck gespannt werden, damit man stets und ständig angeleint bleiben kann
Strömung	Einfluss fließenden Wassers
Tiefdruckgebiet	Wettersystem mit niedrigem Luftdruck – meist unbeständig, regnerisch und windig
Tiefgang	Höhe des Bootes unterhalb der Wasserlinie
Tonne	schwimmendes Objekt, das mit einer Kette am Meeresgrund befestigt ist. Als Wegweiser, Warnhinweis oder zum Festmachen ausgelegt.
Trimmen	das Boot möglichst gerade und aufrecht halten

TIEFGANG

Trimmfäden	leichte Bändsel, die im Segel befestigt sind und anzeigen, ob es gut steht (gut getrimmt ist)
Trimmleine	holt die Rollfock ein oder hilft, sie dem Wind entsprechen zu trimmen
Trockenanzug	Anzug aus Neopren, bei nass segelnden Booten zu empfehlen
Unterliek	untere Kante des Segels
Verklicker	kleines Fähnchen oder Drahtgebilde oben im Mast, das die Windrichtung anzeigt
Vordeck	vordere Deckfläche bei einem Boot
Vor dem Wind segeln	Segeln mit dem Wind genau von hinten
Vorliek	vordere Kante des Segels
Vorstag	Draht, der den Mast eines Segelbootes nach vorne abspannt
Wanten	Drähte, die den Mast zur Seite abspannen und halten
Waypoint	Wegpunkt – selbst bestimmte Punkte, die ins GPS einprogrammiert werden und so die Navigation erleichtern
Webeleinstek	prima »Fenderknoten«
Wenden	den Bug durch den Wind drehen; notwendig, um im Zickzackkurs gegen den Wind zu segeln
Winsch	mechanisches Hilfsmittel, um z. B. die Schoten oder Fallen zu holen, weil man es nur mit der eigenen Kraft nicht mehr schafft
Zwillingsmotoren	die beiden Motoren in einem Motorboot mit zwei Schrauben (meist eine Backbord- und eine Steuerbordmaschine)

Je öfter du Boot fährst oder segelst, desto mehr wirst du können – sogar auf einem der großen Windjammer!

Neeeein! Ich sagte Vorstengestagsegel und NICHT Groß-Royal-Niederholer!

Es gibt noch so viel mehr, was du über die Seefahrt und das Segeln lernen kannst – am besten, indem du so oft wie möglich aufs Wasser gehst.

Deutscher Segler-Verband: **www.dsv.de**
Hier bekommst du jede Menge Rat und Hilfe rund ums Segeln!

Deutscher Motoryachtverband: **www.dmyv.de**. Der Dachverband des organisierten Motorwassersports in Deutschland.

Wenn du am Segeln auf großen Schiffen interessiert bist: **www.sta-g.de**. Die Sail Training Association Germany hat es sich zur Aufgabe gemacht, das Segeln für Jugendliche finanziell zu fördern. Sie hilft bei der Kontaktaufnahme und gibt regelmäßig Infos über die STI-Tall-Ships' Races, die als wichtigstes internationales Ereignis für Jugendsegler gelten.

Der Verein Clipper Deutsches Jugendwerk zur See bietet, wie viele andere auch, Mitsegelmöglichkeiten auf Traditionsseglern an: **www.clipper-djs.org**.

Umwelt- und Tierschutz
Ganz allgemein hilft bei Fragen oder Interesse rund um die Natur der deutsche Naturschutzbund NABU weiter: **www.nabu.de**. Hier gibt es auch Informationen zu Meeresbewohnern.

Wer mehr über Albatrosse und ihren Schutz wissen möchte, sollte unter
www.vistaverde.de/cms/albatros.pup nachsehen.

Geschützt werden müssen auch Delfine. Mehr zu diesem Thema unter **www.delphinschutz.org**.

Sichtungen von Schweinswalen sind wichtig und sollten gemeldet werden, damit mehr über das Leben, die Population und Wanderrouten dieser bei uns heimischen Tiere geforscht werden kann.
Formulare, die nur ausgefüllt und zurückgeschickt werden müssen, findest du unter
www.gsm-ev.de/Schweinswal.htm
www.eco-world.de
www.uni-kiel.de/ftzwest/ag7/projekte/mammals/sichtungen.shtml

SUPER-SEGLER-URKUNDE

Name: . . . .

Diese Urkunde bezeugt, dass der vorgenannte Inhaber
den Skipper durch besonders umsichtiges, seemännisches
und hilfreiches Verhalten beeindruckt hat. Er wird empfohlen
als Super-Crewmitglied auf diesem guten Schiff

. . . .

(Schiffsname)

Unterschrift:. . . . .(Skipper)   Datum:. . . . .

SUPER-SEGLER-URKUNDE

Name: . . . .

Diese Urkunde bezeugt, dass der vorgenannte Inhaber
den Skipper durch besonders umsichtiges, seemännisches
und hilfreiches Verhalten beeindruckt hat. Er wird empfohlen
als Super-Crewmitglied auf diesem guten Schiff

. . . .

(Schiffsname)

Unterschrift:. . . . .(Skipper)   Datum:. . . . .

Copyright © 2006 Royal Yachting Association
Die englische Originalausgabe mit dem Titel
»GO CRUISING! A young crew's guide to sailing
and motor cruisers« erschien 2006 bei The Royal
Yachting Association, Southampton.

**Bibliografische Information der Deutschen
Nationalbibliothek**
Die Deutsche Nationalbibliothek verzeichnet diese
Publikation in der Deutschen Nationalbibliografie;
detaillierte bibliografische Daten sind im Internet
über http://dnb.d-nb.de abrufbar.

1. Auflage
ISBN 978-3-7688-2535-1
Die Rechte für die deutsche Ausgabe
liegen beim Verlag Delius, Klasing & Co. KG, Bielefeld

**Übersetzung aus dem Englischen
und deutsche Bearbeitung:**
Birgit Radebold

Text und Illustrationen:
Claudia Myatt

Herausgeber:
Simon Jinks

Umschlaggestaltung:
Gabriele Engel

Gesamtherstellung:
Hans Kock Buch- und Offsetdruck GmbH, Bielefeld
Printed in Germany 2009

Delius Klasing Verlag, Siekerwall 21, D - 33602 Bielefeld
Tel.: 0521/559-0, Fax: 0521/559-115
E-Mail: info@delius-klasing.de
www.delius-klasing.de

Segeln lernen leicht gemacht

So lernen die Jüngsten segeln: Einsteigerbuch im Comicstil, unverzichtbar für junge Segler und ihre Eltern.

Lass uns segeln!
Segelpraxis für Kids
84 Seiten, 215 Zeichnungen
ISBN 978-3-7688-1979-4

Segeltheorie für die Jüngsten im Comic-Stil, die ideale Ergänzung zum Praxis-Kindersegelbuch „Lass uns segeln".

Segelspaß
Spielerisch zum Jüngstensegelschein
40 Seiten, 85 Zeichnungen, 120 Sticker
ISBN 978-3-7688-2417-0

DELIUS KLASING